再冷门
的问题也有
最热闹的答案

科学松鼠会和它的朋友们著

目录

序一

Fujia

科学松鼠会的Dr. You栏目终于可以结集出版了。这本小书与以往的几本作者合集不同，它的内容贡献方很大一部分来自分散于世界各地的科学松鼠会的许多热心读者。大家合力打造了一位问不倒先生Dr. You，擅长处理各种不按常理出牌的疑难问题。比如，“字为什么变陌生了？”“咬过的茶叶为什么会下沉？”“为什么沐浴露会堆积旋转？”……在这本小书里都将给出回答。

欲了解这本书，还是得先从Dr. You栏目的规则着手，让我来介绍一下：首先，松鼠(科学松鼠会成员)们每期发出“问题通缉令”，号召读者们踊跃在论坛、豆瓣小组等地发问并积极讨论，Dr. You的出题编辑选择其中那些有趣的题目，交给十余位松鼠所组成的“出题小组”投票决定。定下来的题目在科学松鼠会网站或微博上公布，邀请读者们来投稿回答。两周后，流程编辑将收集到的回答交给由三位松鼠组成的“科学编辑小组”，由他们选出优秀答案。选中的答案又会被送到一位或几位相应专业的松鼠手中，进行严谨的科学评审，分析答案中科学细节的正误，并进行修正与点评。一番“修理”后，“科学正确”的回答再送回到科学松鼠会的文字编辑手中，进行最后的文字打磨。如果该期并没有合适的最佳答案，负责整个过程的安排和推进的流程编辑还会找相关专业的松鼠约稿，遍查并讨论文献，写“号外”答案。

这样冗长复杂的流程有时确实让人头疼，每一期问题所牵扯的工作人员多达15～20人。科学评委中包括世界各大顶级高校与研究所的物理、化学、生物、医学、工程等专业的博士生与科研人员，而文字编辑则有在《新京报》、《新发现》等国内优秀媒体的科普版面或科普杂志供职的优秀专业编辑。由于他们遍布世界各地，上述流程完全通过互联网利用电子邮件与即时通讯工具往来所完成，其冗繁琐碎且因信息流通不便所带来的工作困难自不待言。而所有20多位工作人员皆为志愿者，需放弃自己的休息娱乐或者写稿补贴家用的时间，来为这个栏目作出大量贡献，有时也难以支撑。而最后所得的工作结果，不过一篇千字不到的短文，兴许质量难以与大家们抗衡，点击量更不如娱乐网站一篇“本周星座运势”。仔细想想，未免感慨，不知道可有其他哪家网站会做这种性价比极其不相称的买卖？

但我们毕竟已经矢志不渝地在做着了。较之四平八稳的科普文章，问答栏目有其特殊的优势。一个好的问题会使读者想：“咦，我之前怎么没想过这个问题？”“对哦，到底是为什么？”这便可以很大地引发读者兴趣，继续深入阅读对问题的解答。而一个好的解答，则应具备优秀科普文章的特质，既能深入浅出剖析问题，又能保持科学严谨求真的态度，更兼文字灵动活泼，给予读者启发并激发其思考。然则短文难写，由于失去了科普文章惯用的“讲故事吸引读者”的手法，这类问答栏目的解答往往只允许有摆出道理的篇幅，易陷入简单枯燥面目可憎的境地，而倘若一味追求语言生动、思维活泼的话，则往往容易在阐述科学事实时产生谬误。

类似Dr. You这种科学问答早已有之。在国内影响力最大的，也许是苏联科普作家米•伊林所著的《十万个为什么》。它以新奇古怪的问题与可爱幽默的回答，整整影响了一代人。后来图书市场上跟风之作甚多，但大多以“百科知识”类为主，失去了问答栏目所应有的灵气。近些年，英国《新科学家》(*New Scientist*)杂志“最后的话”(Last Word)专栏广受欢迎，至今已有好几本书结集出版，曾经高居图书销售榜首。它在形式上对Dr. You栏目影响甚多，一举开创由读者来回答这些稀奇古怪的问题的先例。由于读者背景与思维方式迥异，往往可以从多学科多角度阐释问题，擦出令人眼前一亮的思维火花，读来趣味盎然。但由于缺乏对答案的科学筛选，看似头头是道的推论，也许并未得到实验上的证实，甚至可能早已被实验推翻，其中个别难免有误导读者之嫌。

Dr. You栏目追随了这条开创性的思路，开放题目邀请读者来参与，追求与读者的互动。我们的真正目的在于，希望通过这种形式激发读者的热情，提高他们的探索兴趣。科学方法与逻辑能力可以通过科研职业培训而获得，但思考与想象的能力则可能在“遍读圣贤书”后逐渐枯萎。在每一个非常规的问题面前，如果读者可以身体力行去想想“为什么……”“怎么回事……”“会不会是……”，然后提笔(打开电脑)记录下自己灵感闪动的火花，送给Dr. You与众人分享，这远比直接提供一个“科学正确”的教学答案要来得意义重大。事实上，在每一次的问题里，我们都能在许多答案中，发现不同寻常且异彩纷呈的解答。当我们在互联网站的海洋里看到，世界各地，那些刚对科学产生兴趣的中学生，那些努力学习科学的大学生，那些远离科学职业的城市白领们……都愿意汇集到这一个小小的网页里，思考、讨论、寻求证据、实验求解“为什么鸡鸭走路会点头”这一类的问题，相信谁也不忍扼杀这难得的好奇心苗子。

然而，好奇心并不是攀登科学高峰的唯一武器。在科学探索中，“假想－实验验证－理论解释”的步骤缺一不可。好奇心与灵感对于“假想”步骤意义重大，但在天马行空的头脑风暴之后，更需要艰苦的实验以验证假想，并总结出解释现象的理论，放诸其他实验以继续验证。好在我们可以站在巨人的肩膀上，通过查询前人工作而得到一个靠近真相的答案。于是Dr. You的科学编辑与评委们兢兢业业，力求为读者投稿的科学细节把关，告诉大家哪些猜想已被实验否决，哪一些仅仅只是理论推论，哪一些角度并不符合科学常规。有时候读者提出一些看似刁钻古怪的问题，科学家却早已对此有了长期的探索工作与详细的文献记录。我们将这个过程详细反映出来告诉读者，让大家知道科学家如何处理自己的灵感火花与好奇心，希冀以此鼓励并指导大家利用自己的思考能力。这便是本书中所收录的洋洋洒洒四篇Dr. You号外。

学而不思则罔，思而不学则殆。Dr. You栏目全体工作人员战战战兢兢、如履薄冰地在这两者间走钢丝，试图让读者得到双边的完整平衡。案牍劳神，兴师动众，杂事繁多，便是我们所承担的工作成本。即便如此，鉴于队伍的规模与人力物力，本小书难免还会有错漏。我们诚恳希望，读者们可以踊跃指出问题，来科学松鼠会的网站参与我们热火朝天的讨论。Dr.You与读者互动、共同追求科学真相的步伐远未停止，也没有停止的那一天。

最后，奉上项目组的人员名单，感谢你们和我一起出题做题的每一天。

策划：Fujia、Anpopo

流程编辑：半只土豆

科学评审：Fwjmath、Ent

科学编辑：各学科松鼠

文字编辑：拇姬

出题组（随机排名，不分先后）：Robot、Anpopo、薄三郎、八爪鱼、Ent、Fujia、Fwjmath、Gerry、猴戏、蓝枫、Lewind、Marvin、Seren、Sheldon.Li、圆儿、野驴、杨杨、云无心、偷拍、拇姬、四月、姬十三、小庄、木遥、水龙吟、半只土豆、沐右、游识猷、猛犸、瘦驼

序二

小庄

2009年初，杭州，似乎是某天傍晚，我们在浙江大学某个校区的礼堂里做完《当彩色的声音尝起来是甜的》的新书发布会，一行人出门找饭。我对正好走在旁边的姬十三说：“你在我们杂志上的那些问答，要不要出个书啊啥的？”他呆了一会儿回答道：“字数不够吧？”“没事，还有我回答的部分，一起整。”“嗯，再说吧，我觉得它们都不够好。”

彼时我还在《新发现》杂志供职，负责中文部分的组稿，和这位同学约一个叫做“解惑”的专栏已经长达两年之久。栏目最初的想法是他提给我的，以回答读者来信的方式来阐述解释一些科学问题。举几个例子，就像“人为啥没法给自己挠痒痒”“有的狗狗为什么喜欢吃自己的便便”“长大了怎么就觉得时间过得特别快”之类，一听觉得挺好，就着手开始弄了。然后我的美编提出，这个栏目一般是放在每期末尾，必须是奇数页的版面，要么一页，要么三页。我想了想，前者太少，后者有点多，考虑半天，遂决定每期由他来回答三个问题，我来回答两个问题，这样便可“拼凑”出三页。

那两年里，我们各自回答过的不少问题，因为太萌太有爱，到很久以后还被人怀念，在今日看来，它们也还是有某种价值的。但2009年初的那个傍晚，十三给我的回答却导致了一个严重后果，就是它们基本上没有可能在一本“书”上统一呈现了——当时不做，过期不候。因为科学问题的研究往往是阶段性的。我们以一己之力去对一个发问做出解答，通过查阅近前以及过往的文献来找到对应，然后在较短篇幅里择其一二呈现，如此得到的答案已有片面之嫌，而且很快会被新的研究结论所覆盖。

“解惑”栏目后来被Dr. You所接手，也正是出于以上原因，Dr. You的好处，就是纠集一帮人的力量，来对问题作出更全面更系统的解读。俗话说“众人抬柴火焰高”，不管你信不信，反正我是信了——“解惑”自从和科学松鼠会的这个线上活动合作以后，蛋疼程度提升了好几条水平线，更欢乐，读者也更爱看。

始作俑者姬十三得以卸下重担，专心去操持科学松鼠会的群博网站，从此以后，他只能和那些跑来对他说“十三叔，你继续回答问题吧，你的问答很好看啊”的年轻人们说“不要怀念哥，哥只是个传说”了。

而我虽然很快就在2009年年中来到北京，也献身于群博，但仍然作为特约编辑继续捯饬“解惑”，直到某天再也不堪其累，才将它交给了其他人。这个栏目至今仍在《新发现》延续，但采取了针对提问每期选出一名松鼠来做答的方式进行，类似于每期都是“号外”。其间缘由，不再赘述。

迅速推进到2011年，就是一年前，当我做出把Dr. You结集成书的决定时，突然有了一种快意恩仇的感觉——无论如何，和它们做个了结的时候到了。

在早些时期，我们另一个新生代的问答产品“果壳问答”

（http://www.guokr.com/ask）已经在果壳网上线。果壳网是我们决心以互联网垂直社区的方向去搭建的新平台，而在2010年年初筹划之时，问答产品就已经在蓝图框架内了，用更完善的功能形态和互动方式去促成问题的提出和答案的生成，无疑，是对“求解惑”最好的交代。那几个月里，十三天天给整个策划团队念叨“我好想问”，听上去真是既呆萌又真诚，嗯，这家伙，好歹一直没有忘了那些给他来信的人。

记得初衷，继往开来。当我异常苦逼地推进这本书，从问题的遴选、答案的遴选、插画的遴选、版式的遴选、封面的遴选一路走来，“果壳问答”也历经了数次改版，改进了投票等各种功能，渐趋成熟。

过程中还发生了无数蹊跷之事，包括插画师光诸被抓到果壳办公室里干活，某日被我的小狗宝贝儿不客气地咬了一口这种……书名一易再易，编辑组提议过直接以其中的某个问题如“鸡鸭走路为什么会点头？”为名，也曾有可能被叫做“冷啊……”，而今看来，最后敲定为“再冷门的问题也有最热闹的答案”才是富有前瞻性的，因为下一本会被叫做“再热闹的问题也有最冷门的答案”，它将来自“果壳问答”。

ROOM

A 房间

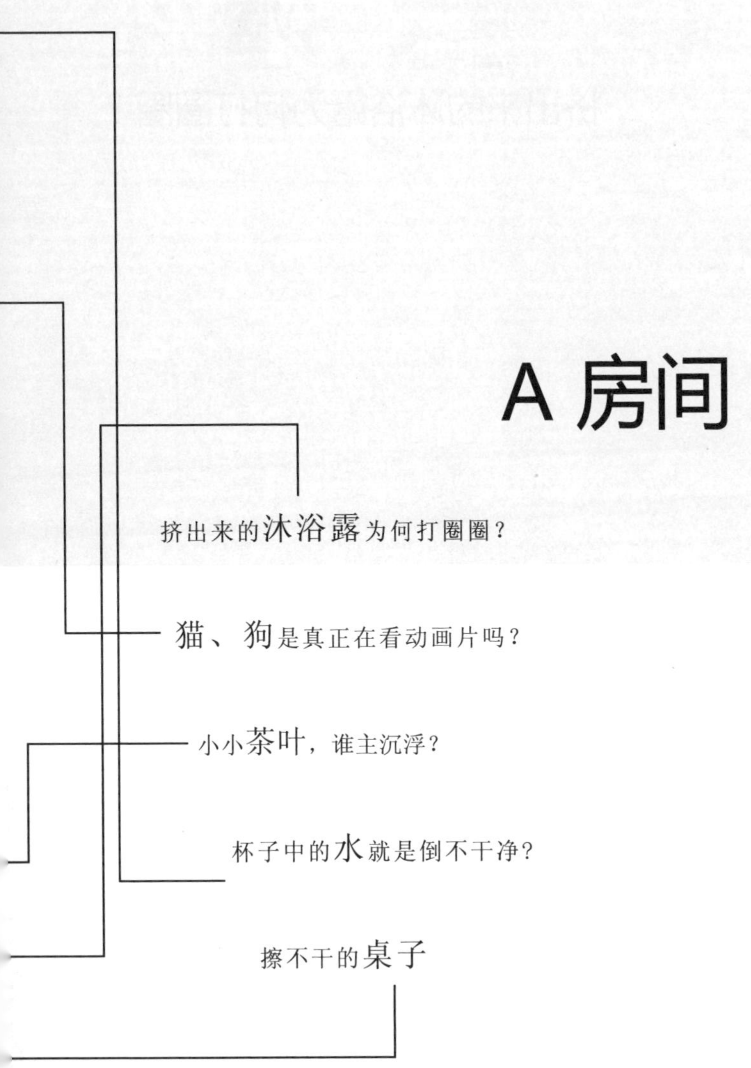

挤出来的沐浴露为何打圈圈？

猫、狗是真正在看动画片吗？

小小茶叶，谁主沉浮？

杯子中的水就是倒不干净？

擦不干的桌子

A

挤出来的沐浴露为何打圈圈？

引子：

在Dr. Who[①]的生活中，肥皂已经越来越少地出现了。取而代之的是洗手液、洗面奶、洗发水、护发素、沐浴露……各种瓶瓶罐罐。而这些清洁用品，不管是倒出来、挤出来，还是压出来，都有一个共同的特征，那就是：打圈圈。

① Dr. Who是Dr.You栏目搜集来的问题发问者。

问：

为什么倒沐浴露之类的黏稠液体时，原本垂直下落的“液体柱”会出现“旋转堆积”的现象？（科学松鼠会论坛 乌子虚[②]）

“Ziplb”的热闹答案

其实这是一种低雷诺数流动的典型现象，雷诺数即流体惯性力与黏性力之比，雷诺数越小，流体中黏性力的作用也就越大。

在倒洗发水等高黏性的流体时，由于黏性力的作用，每部分流体微团都会受到相邻流体微团的“拉扯”与“牵制”作用，在靠近地面堆积时，自然也会受到已堆积流体的“拉扯”作用，而惯性力无法抵消这种黏性力的作用，“拉扯”的合力形成了“旋转堆积”的现象。这样就容易理解，倒水的时候不会出现这种现象了，因为此时为高雷诺数流动，流体惯性力的作用大于黏性力的作用，足够抵消已到达地面流体的“拉扯”，故流体流下时沿惯性力的方向垂直下落。

用水、米汤、菜油、洗发水、牙膏、沥青依次倒来看看，你会看到“旋转堆积”从无到有的渐变。当然，前提是征求了你老妈的同意。

② 书中出现的此类人名皆为科学松鼠会成员或热心读者的网络ID。

当Dr. Who的朋友乌子虚提出这个问题的时候，也许谁都没有意识到松鼠和他们的朋友们将经历一次有趣的穿越之旅。问题被公布之后，散布在世界各地的松鼠们都出动了：有的将库存的蜂蜜缓缓倒向餐碟；有的躲进洗手间将洗发水挤向洗手池；有的借口要做炸全鸡，把油瓶里剩下的食用油全倒进了锅里；还有人低下头，让唾沫拉出一条长长的轨迹……八爪鱼最先公布了自己的伟大发现，在把剩下的香波都倒进了洗手池之后，他观察到了五次方向相同的螺旋堆积。在科学松鼠会的聊天群里，他兴奋地告诉大家，这个现象首先是肯定存在的，并且能排除人为的因素，同时向其他的松鼠求证各自的螺旋堆积是不是也有方向性。当时Robot正在南半球的某图书馆学习，看到八爪鱼的实验结果，放下书冲进洗手间，一次又一次挤压洗手液，观察其下落过程中的形态以及方向。很快，图书馆的保安注意到了这只形迹可疑的松鼠……很快，Robot下线了，过了很长很长时间，Robot又上线了，她告诉大家，经过自己在家反复实验，证实香波的确能形成螺旋堆积，但是没有方向性。我们问她为什么刚才还在图书馆，现在变成在家，她支支吾吾地说："洗一个香波澡，是南半球最舒服的事情。"

我们愤愤不平地讨伐起了Robot所在学校图书馆的保安，此时瘦驼却不声不响发来了他拍摄到的漂亮螺旋堆积，Fwjmath随后给大家提供了一段清晰的视频。八爪鱼看了看瘦驼的图片，看了看Fwjmath的视频，最后看着自己拍的图片，缓缓吟道："禅心似月迥无尘啊……"与此同时，热情的网友们纷纷发来了自己对这种现象的观察以及解释，观点不尽相同，但，那个星期里，咱们国家的香波消耗的确达到了一个历史高峰。

我们为拉动内需作出了重要的贡献！

From "八爪鱼"

这个世界，有时候就像是堆积的香波，旋转往复。

50多年前，有两个和乌子虚同学一样对科学和生活都充满着热情的美国人，G. Barnes和R. Woodcock，他们也注意到生活中这个有趣的现象，并且第一次针对这种现象进行了细致的观察和分析，以此撰写了一篇论文。当我看到发表于1958年的这篇论文时，不禁会心一笑。他们没有什么高级的仪器，也没有作复杂的数学分析，只使用简单的摄影工具，用大头针对螺旋的尺寸进行比较分析……

从那时起，这种现象有了自己的名字：Rope Coiling Effect，中文译做“卷绳效应”。

在那之后，越来越多、越来越专业的学者，投入到这种卷绳效应的研究中去。研究者孜孜不倦地探索这种现象的成因，黏稠度、高度、直径、重力、气流、媒质……各种能产生影响的因素陆续得以确定。

在我们日常生活中，经常能观察到流淌的液体。打开洗碗池的水龙头，自来水流出后会撞击池子底部，迅速铺散成一个平面。但如果流出的是香波之类的液体，情况却会有些不同。

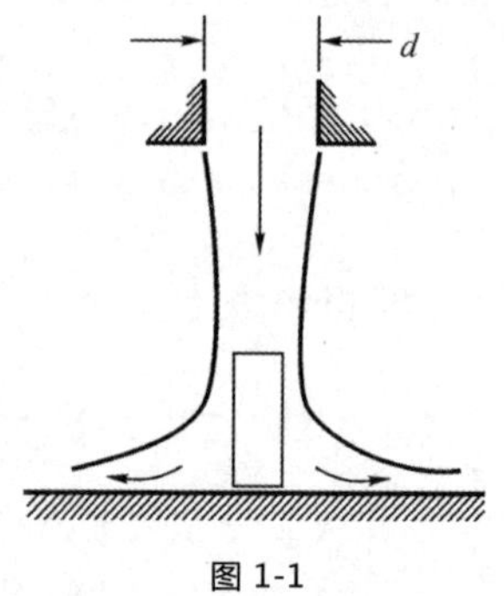

图 1-1

图1-1描述的是流体流到平面上铺散的情形。像水这种黏度很小的液体，因为水分子之间吸引力很小，铺散过程非常迅速。但是比水黏稠许多的液体，分子之间吸引力较大，铺散的过程就会慢一些。这导致液体还来不及向四周流溢，新的液体柱又流了下来。这样就会有一部分液体堆积在一起，形成一个类似圆柱的结构。

很明显，这个液体的圆柱结构不是静态的：虽然底层以及最外层的液体会不断流失，看起来像是坍塌一样，但上方不断有新的液体流下来补充，于是圆柱形的累积液柱在动态中得以保持。液体圆柱内部分子之间的引力，对抗圆柱本身的重力以及惯性，如果两者之间的力能保持平衡，液体圆柱的形态就会出现表观上的平稳。所以当我们开始向手上倾倒香波的时候，它呈现出静静流淌的样子。不过当我们将香波瓶子提高点，让香波从更高处流出，情况就有了变化。整个液流的长度增加，由于重力加速度，越到下方，液体的直径越小，速度越大。

显然，这时，中心的圆柱受到来自重力以及惯性的压力在增加，而圆柱的直径在减小。一旦圆柱的分子间引力不足以平衡重力及惯性，这根柱子就会坍塌。

一根不堪重负的柱子，会怎样？两端所受到的压力，将使得这根柱子产生形变，同时，内部分子之间的距离变短。在垂直方向上，分子之间因为距离缩短，表现为相互抗拒，并积蓄势能。如果这根柱子内部的分子，是完全一样的，那么柱子的任意水平切面上，所有的分子受力情况都相同，这根柱子就会出现压缩变形(crushing)。

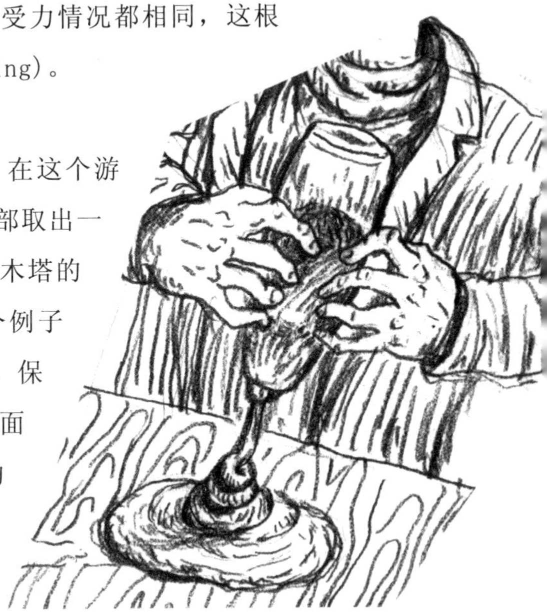

此外还会有什么情况呢？

肯定有同学玩过叠木块，在这个游戏中，两个玩家依次从木塔中部取出一个木块，最后谁抽木块时导致木塔的倒塌，谁就是输家。我举这个例子是为了说明，整个木塔的重心，保持在中心纵轴上，在某水平切面上，如果和中心纵轴等距离的某处的受力与其他对称位置的受力相比，出现足够大的差异，木塔的重心偏离中心纵轴，木塔就会倒塌。

刚性材料受力过程中发生的折弯(buckling)，和这种现象有共通之处。

为什么柱子受力会发生压缩，而一根杆子却会“弯下了腰”呢？这是因为如果杆内部物质分布足够均匀，使得内部力的分布足够均衡，材料本身的形态也对称，则只会发生压缩，不会发生折弯。但自然界的物质，几乎没有完全均质的。

折弯也并不必然会发生，只有当材料的长度和直径之比达到某一水平，或者材料内部物质分布的不均匀程度达到一个所需水平时，应力在中部集中，其受力分布的异常程度能克服材料边界的限制，突破边界的折弯才会发生。

如前所述，流体的液柱是由一个动态的平衡过程来保持其形态稳定的。在物质不断更换的过程里，总会有局部的异常形态出现。有时候是一个气泡，有时候是一个密度较小的团块，有时候是别的什么。这种内在的异常，破坏了液体内部分子间的引力和液柱重力以及惯性之间的平衡。当这种不平衡的状态，严重到一定的程度时，就会导致折弯的发生。原本处于压缩状态下的某部分物质，受到侧方向的推挤，向阻力最小的方向释放势能，先加速后减速远离中心轴，随着离开中轴越来越远，分子间的压力渐渐转变成分子间的拉力，这股力量同时也作用在即将落下的液体上。在重力和惯性协同作用下，液柱向反方向开始新一轮的弯折。最下层的液柱，在往复过程中，内部分子在“受压—牵拉”两种状态之间来回转换，形成振动。

表现为在原位的往复打圈。如果以时间为横轴，振幅为纵轴的话，就会形成图1-2所示的波动。

我们先看看这个过程发生在一个平面上时的情形：一股扁平的液柱流淌下来，在横轴方向上，尽管有内部的不均衡存在，但是这种不均衡无法突破较宽的边界限制，更多地表现为压缩形变；而在纵轴方向上，内部不均衡易于突破较窄的边界限制，表现为弯折，形成振动。

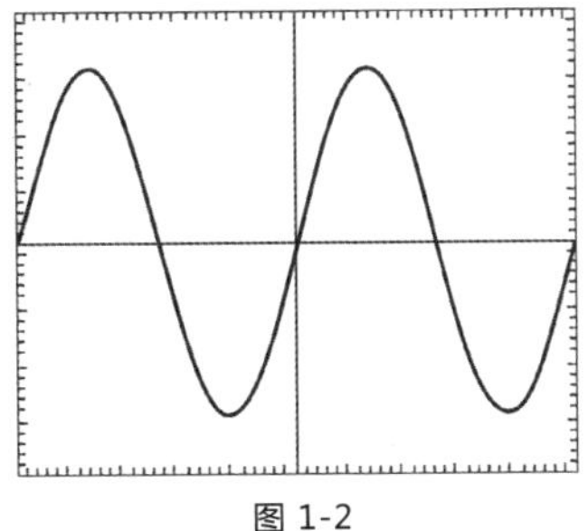

图 1-2

正像我们前面说到的，尽管上面实验中横轴具有较宽的边界，但这个障碍也是相对的。一旦液体的黏度足够大，下落的距离足够高，即使是这样的宽度，仍然会形成弯折，产生振动。

当我们将液柱的扁平形态变成最常见的圆柱形，所观察到的过程将不限于一个平面内，变得有点复杂，但是本质保持不变。黏液下落过程中形成的液柱内部因为局部的不均衡受力，导致液柱向某一个方向弯折，形成最初的振动。此振动是在某一个平面内产生的，但在和这个平面垂直的方向看，则没有振动发生，只发生了压缩形变，就像在图1-3左边图片中所看到的。在这个平面上，一旦有新的因素，诱发折弯，就会出现另外一个波动。

如图1-3右边图所示，两者所在的平面相互垂直。前后两种

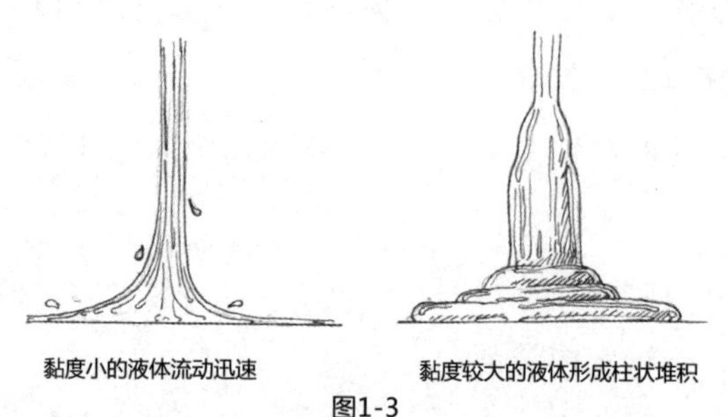

黏度小的液体流动迅速
黏度较大的液体形成柱状堆积

图1-3

振动叠加，形成三维振动。

在实际中，这两个过程并无法如此截然地分开，两个平面内的振动，一起影响这条液柱的运动形态。各自条件不同，两个振动的振幅、频率也不同，产生出来的综合形态也不同。

因此在平面上产生的堆积形变可表现为单纯的折叠，也可表现为花瓣形，或可表现为8字形。

当两个平面内的振幅以及频率趋于一致时，堆积则表现为螺旋状，卷绳效应产生。

最后说一下，在过去50多年里，陆续出现了大量针对卷绳效应的论文。现在，这种现象中大部分决定性因素已经得以厘清。效应的频率、振幅、卷绳的直径、黏液的边界高度、边界黏稠度以及螺旋堆积能达到的高度，都被计算出来了，也不断有新的影响因素被考虑进来。这个研究正向着更全面、更精细的方向继续前进。

尾声：

此解答在Fujia、桔子、Fwjmath、Robot、瘦驼以及猛犸的帮助下完成。当我结束这篇稿子时，窗外一只松鼠从树枝跳上横穿街道的电线，在我的注视下摇头摆尾走过阳台。一股清风拂面而过，满是春天的味道。这一刻我突然觉得“松鼠”二字，不仅是自然界某种活泼的精灵，或是互联网上一群意气相投的人，更代表着一种对科学、对生活最简单的热情。

猫、狗是真正在看动画片吗？

引子：

与很多现在生活在高楼中的宠物主一样，Dr.Who也觉得遛狗是件麻烦事儿，懒劲一上来就不想下楼。不过他发现，自己家的狗狗似乎对此并不在意，至少，它蹲在沙发上，眼睛盯着电视盒子里的动画片也能看得津津有味。

问：

猫猫狗狗难道真的在看动画片，和我一样觉得这玩意儿乐趣无穷，比真实生活带劲儿一百倍以上吗？

“沉默的老虎”的热闹答案

我认为这个问题可以从两方面进行分析：技术和心理。

首先谈谈技术，这里的技术指的是动画技术。这就不得不说说动画的原理——视觉暂留现象。这当中涉及图像接收器和图像处理器。图像接收器即眼睛，而处理器则是我们大脑中进行视觉信号处理的部分。在我看来，所谓视觉暂留其实是我们的图像处理器性能不够好，就好比玩大型3D游戏的时候，显卡性能不足就会让游戏画面很卡。

当游戏程序把合成画面所需的数据发到显卡时，显卡开始对数据进行运算处理，并将处理好的数据显示在显示器上，这就是游戏画面。然后它会收到

A

第二批由程序发过来的数据，再进行处理。可是，当第二批数据发过来时，如果连第一批数据都没有处理完，就只能丢弃新发来的数据。如果性能太差，它还会丢弃第三、第四、第五批数据，此刻你就会觉得你不是在玩游戏，而是在看幻灯片。

同样道理，人类大脑中视觉图像处理部分的性能并不算太好，一秒钟只能处理大概25批图像数据。那么，假设我会瞬间转移术，突然出现在你的眼前，然后停留了仅仅0.001秒就消失，你就不会发现我，因为大脑连上一批的数据都还没有处理完，哪有时间管这0.001秒的数据呢？直接扔了算了。

而鹰和猎豹的图像处理单元显然比人类要发达许多，所以如果你想给老鹰弄个模拟飞行体验的话，游戏的图像刷新率要非常高才行，最起码得有150帧/秒，否则它会觉得你在放幻灯片。

关于图像接收器——眼睛，它似乎没有什么刷新率的概念。当射入的光线发生变化，也就是眼前景物发生变化的时候，它立刻就可以作出相应反应。因为根据眼睛的工作原理，这个反应过程其实是个光电转换的物理过程，几乎没有任何延迟(最多就是电信号的传输延时，微乎其微)，所以视觉暂留现象与它的功能无关。

再说说狗狗的事。

对于狗狗的视觉处理单元是否很发达这个我表示怀疑，它的嗅觉和听觉太过灵敏，这样会导致狗狗的其他传感系统欠佳。因为动物的脑容量直接决定了整体的“系统性能”，如果在长期进化中，一种动物将很多的“系统资源”运用在了听力和嗅觉上，那么它在其他方面能使用的资源就将非常有限。很有可能猫、狗对视觉图像处理速度比人类快不了多少，电视所播放的画面对它们来说也是连续的，所以它们看电视也没什么很奇怪的了。

再来说说心理，这是指猫猫狗狗看电视时心里在“想”什么。我认为，动物的很多知识是由基因告诉的，也就是我们所说的最基本常识。举例来说，很多婴儿在出生后不久就会对周围事物产生浓厚兴趣，比如摇篮上方悬挂的飞机玩具、可以弄出声响的摇铃等，可是好像没有哪个婴儿在撒尿时会对自己那个“冒水”的东西感兴趣。为什么呢？因为基因给他/她“解释”了“冒水”的是什么，而没有告诉他/她那些玩具是什么。当无法明白为什么一个方形盒子里会不停变化出不同的图片、传出许多声音时，动物和小孩一样，都会感到兴致勃勃。

猫、狗不是很能够分辨现实和电视画面。曾看到一只宠物犬对着电视狂吠，原因就是电视里面有一只狗也在狂吠，而且这时电视还处于消音状态！可见，狗狗对电视的理解能力还是非常有限的。

“Hippotan”的正经解答

Dr. Who窝在软绵绵的沙发上看电视，哇噻，《哆啦A梦》？好玩啊！他家的狗狗此刻也躺在旁边盯着电视，问题来了——

第一个问题，它能看得清楚电视里面的东西么？

这取决于Dr. Who家的是什么电视。有两个参数很关键：刷新率和分辨率。

刷新率之所以关键，是因为眼睛存在着视觉暂留效应，即每个视觉刺激成的像都会在视网膜上保留一段很小的时间，当与下一个刺激呈现的间隔短到一定程度时，就会造成一个连续画面的知觉。所以当屏幕的画面刷新得太慢时，我们就会觉察到画面在闪烁；而当刷新速度到达一定频率时，就不会觉察到屏闪现象了。这个使得我们有50%的机会分辨到屏闪的刷新率被称为闪光融合临界频率(critical flicker frequency，下文简称CFF)。

有研究者曾给狗同时呈现一个连续光和一个特定刷新率的光，看看狗能否分辨出异同。狗能有50%的几率准确判断出那个特定刷新率，也就是狗的CFF，实验结果发现狗的CFF大概在70～80赫兹左右。传统CRT显示器的刷新率恰好在70～80赫兹，而LCD显示器则可达200赫兹。所以，如果Dr. Who家里的电视是LCD显示器，他的狗狗就肯定不会受到屏闪的困扰了。

不过，如果Dr. Who家的电视是CRT显示器，狗狗就真的只能看到屏闪，其他什么都看不清楚了么？非也，其实它还是能看到球员的动作，而且不会受很大的影响。这里需要区分两个概念，视错动觉(motion illusion)和频闪融合(flicker fusion)。如果你有一本在连续页面上绘有连续动作的手翻漫画书，快速翻页的时候，看起来就会觉得漫画上的人物在动(但你仍能觉察到书页的翻动)，这种错觉就是视错动觉。而当你翻页的速度再快点，快到觉察不出来书页的翻动，这个时候就达到频闪融合了。引起视错动觉和频闪融合所需的频率是不一样的，后者比前者明显要大好几倍，如10赫兹就能引起视错动觉，而频闪融合的频率就是上文所说的CFF。

由此可见，Dr. Who家的狗狗也许会因为CRT屏幕上一闪一闪而看得不爽，但还是能看清楚球员们的动作的。

那么，为什么分辨率也那么重要呢？

如果狗的眼睛像老鹰的一样，在高空能轻易分辨地上的一只田鼠，那么电视屏幕对狗来说就是无数会发光的像素点而已。但是狗的视觉分辨率比人还差许多。在人的视网膜上，一个感光的视杆细胞是连着一个神经细胞的，而在猫(注意，是猫，但狗的估计也类似)的眼睛中，这个比例变成了4，每4个感光细胞的信息才有一个神经细胞来处理，精确度相当于人眼的1/4～1/3。打个比方，狗在6米处能看清楚的细节，人在20米左右就能看清楚。

所以，正常来说，在趴在Dr.Who的沙发旁边看电视的狗狗的眼中，也许只是屏幕里一团团东西在动。除非……Dr.Who是个大近视，那么他的沙发自然也就离电视很近了……

第二个问题，它能分清动画片里面的角色么？

假设Dr.Who家中是一台60英寸高清LCD大电视，那么狗狗终于能舒舒服服地看动画片了吧？但是不同角色穿的是不同颜色的衣服，它能分辨出各种颜色么？

哺乳动物的视网膜上有两类感光细胞——视锥细胞和视杆细胞。

视锥细胞主要负责黑暗环境的视觉和对运动物体的觉察；而视杆细胞分若干种，每种对特定波长的光有最大的反应，换句话说，一束特定波长的光能不同程度地激活这些细胞，它们向神经细胞发送不同强度的信号，最后整合而成各种色彩的知觉。人的视杆细胞有三种，分别对蓝紫色、绿色和黄绿色最敏感，而这三种颜色为人视杆细胞感知后也构成了人颜色知觉的三原色。但除了人和其他许多灵长类动物之外，包括狗在内的大多数哺乳动物只有两种视杆细胞。所以当一束光射入人眼时，人的色觉来源于三个不同的信号，而狗只有两个不同的信号，变化的维度少了一个，知觉到的色彩也就少了一些。

对于狗来说，分辨绿色、黄绿色、黄色和红色是一件困难的事情，这粗略等同于人类的红绿色盲。所以，多彩的动画造型在它眼里乃是灰扑扑一片。

第三个问题，它会觉得屏幕里的是真的人或自己熟悉的对象么？

狗遇见陌生人，要不就蹭过去嗅一嗅认识认识，要不就紧张得狂吠不止。总之，看见一只狗对陌生人无动于衷是一件奇怪的事情。问题是，电视里如此之多的陌生人，狗狗见了为什么没有反应呢？

实际上，解决这个问题对动物行为学的研究者尤为有意义。就好像在研究非洲绿猴对不同天敌的不同反应时，没有人可以把真的天敌一一抓来给它们看，但如果找到一种方法能让它们“真的”认出视频里的天敌，那么就可以通过放视频给它们观看来引发它们躲避天敌的行为了。

一些研究者提出，有两个因素可能影响着动物对一个像是否真实的判断：

1. 像的大小比例：电视机里的像。看上去距离自己只有几米，但大小却和真人不成正比例，这也许能使狗狗没有认出那些人来。可惜的是，目前还没有人去考究过是否如此。

2. 像的立体性：屏幕上的像都是二维的平面像，缺乏深度视觉带来的额外信息。但是来自匈牙利的动物行为学家Péter Pongrácz等人做了一个投影仪成像的实验，结果发现，狗对2D(二维)人像的辨别，其实也不错——一个真人(3D)或者一个与真人等大的投影视频人像(2D)给狗狗一个提示的手势，告诉它们哪儿藏着食物，结果2D和3D的提示它们都能看懂，最终都能找到食物。

这么看来，一台高刷新率的投影大电视，也许会给狗狗以最真实的现场感。

但最后还有一个问题！

A

就是，为什么狗狗要看电视？

不知道大家有没有想过，狗看电视也许只是因为Dr. Who正在看电视呢？它也许什么都看不懂，但只要是主人所注意的东西，它就会特别留心。从进化的角度上看，狗能够在今天和人形成这种和谐的共生关系，分享资源和栖息地很重要，像狼一样特立独行是不行的。无论是宠物狗还是流浪狗，每天必须面对的一个挑战，就是如何和一个叫做人类的物种打交道。不同于选择了竞争的大多数物种，驯化的过程，减少了狗的祖先的攻击性，使得它们越来越温顺，越来越宽容。

所以，当实验者用手指指着藏有食物的容器时，黑猩猩不能理解这是实验者在帮助它们去寻找食物，因为它们一直习惯了竞争，得经过上百次的训练，才能机械地学会“‘指着’代表了那有食物”的手势指令。但如果同样的实验让狗来完成的话，它们会乖乖地选择实验者指着的容器，令人吃惊的是，无论是一直和人生活的宠物狗，还是从小就被圈养着很少接触人的狗；无论是成年的狗，还是很幼小的狗，都表现出这种倾向。

很多人会问，它们不能靠嗅觉找出来么？其实当实验者什么提示都不给的时候，它们并不能找出食物的所在，只是随便蒙一个。笔者亲自尝试做过这个实验，当我没有给出任何提示的时候，它干脆蹲在那，用一种信任的目光盯着我，等着我告诉它答案。

当然，如果要验证狗狗看电视是否真的是因为主人正在看，最直接的办法是让Dr. Who把电视开着，却坐在沙发里看书，这时再来看看，狗狗是否还像以前那样爱盯着电视了？

最后，我们好像弄明白了：让狗狗看得最入戏的，应该是一台高刷新率、高清超大屏幕的电视，同时还得要有主人在旁边。

松鼠“瘦驼”的点评

上述的回答中有些光学知识不是我掌握的范围，有一点稍有疑问，就是关于视网膜分辨率和看东西一团一团的问题。简单推理似乎可以这样说：“由于狗已经适应了‘低像素’的生活，他并不会为此感到不适和疑惑，因为它看其他东西也一团一团的。”其他的生物学方面的知识还是很靠谱的。

尾声：

Dr.You说：原来，我在狗狗的电视娱乐圈中，还是占有一席之地的。

A

小小茶叶，谁主沉浮

引子：

逢年过节，总要改善生活。

Dr. Who说，我改善的不是生活，是寂寞……

我们有越来越多的小长假、大长假、年假、事假、病假、婚假、例假。放假免不了各种饕餮。吃得开心，也要注意解解腻，消消食，多饮几杯茶水清肠胃。手捧清茶闲聊，有一哥们喝出了新发现。

问：

泡茶的时候有些茶叶浮在水面上，为什么咬一口再吐回去就沉底了？（牛奶小强）

“hbchendl” 的热闹答案

小小茶叶，谁主沉浮？密度！

这个沉浮不定的问题实际上问了两件事情，一是泡在水里的茶叶在什么情况下会浮在上面？什么情况下会沉下去？二是为什么把浮在上面的茶叶咬一下或嚼一下它就能沉下去了？

前一个问题比后一个问题容易分析一些，因为嚼一下茶叶这个动作引起的变化有点多，情况复杂一点。我们还是一层层来剥这颗“松子壳”吧。

我们从茶叶被开水冲泡几秒钟，等水流静止下来后开始。此时，吸附在茶叶上的大个可见的气泡已经跑出，一部分茶叶已经沉底，而水面上还漂浮着少量茶叶。

泡在水里的茶叶密度处于变化的状态，但这个密度变化非常小。仔细观察一下杯中茶叶的位置：半浮在上面的，在水面之下叶片整体还是浸在水里的。而沉在下面的茶叶有一些是立着的，并不是重心最低的平躺状态。另一个现象是，浮在上面的茶叶过一段时间将开始下沉。它下沉的速度很慢，有时还会重新浮上来一下。这些现象说明，茶叶的密度与水的密度相差得很小。

另一个容易被忽视的因素是水的密度。杯子里的热水，密度并不是均匀的，杯底部与桌面接触散热快，温度会低一点，而低温的水密度大，所以水的密度是上面小下面大。这样就形成了一个密度梯度(玩过细胞生物的人也许对梯度离心这个技术有印象)，这个微小的密度梯度使得茶叶的微小密度变化表现在它的沉浮上。

下面该看看茶叶的密度是怎么变化的了。干燥的茶叶比水轻很多，在泡入水里之后，水分透过叶面的细胞壁进入叶子里的细胞，湿透的茶叶密度增加。我们直观的观察就是茶叶被水浸湿、膨胀。那么微观的机理是什么呢？是细胞的渗透吧？低盐度的水透过细胞壁向高盐度的细胞内渗透，很容易想到的是细胞里的空隙被水充满；但不容易理解的是，空隙中的“气体”哪去了？我这样问的原因是，仔细观察将要下沉与正在下沉的茶叶，它并没有释放出气泡来。冲茶时出现的气泡是刚冲入开水时茶叶表面的大气泡一个个冒出来，几秒钟之后再观察，浮在上面的茶叶并不会往外冒气泡，它们是安安静静地沉下去的。据此，我们应该认为水只是填充了细胞里的空隙，并且溶解了里面干燥的细胞质，使得细胞膨胀起来。这个过程与密度相关的因素是：第一，水分填充了细胞内的空隙，导致细胞密度增加；第二，溶解了细胞质的水的密度比纯水大。要注意这两点导致的密度变化虽然实际上是很小的，但也足以使茶叶沉到下面去。

还有一些因素要考虑：高温的水能加速茶叶吸收水分。冷水也一样能把茶叶泡到杯底去，只是需要很长的时间。泡茶时盖个盖子能加速浸泡速度，这里除了保温的因素以外，盖子能增加水面上方空气的湿度与温度，也使水分加快进入浮在上面的茶叶。

最后该看看嚼一下半湿不干的茶叶会起到什么作用了。这个动作会压破一部分细胞壁，让水分能更顺利地进入茶叶细胞内，仅此而已。其作用大小，取决于嚼的力度与方式。用门牙咬一下与用后槽牙嚼一下的效果是不同的。在这个过程中，口腔黏膜与茶叶表面的摩擦会对叶片表面进行清理，这也能起到一点作用。

有人观察到放在暗处的茶水中，茶叶下沉的速度加快。不知他是怎么操作的，分析其中原因，应该是遮光的同时也挡住了热辐射，使水温下降得慢，因此叶片吸水更快一点。如果遮光的罩子很小，还会有阻止热对流与保持小环境湿度的作用。

另有一个实验可供参考：用纸片代替茶叶观察其沉浮情况。柔软的面巾纸在热水中迅速浸透，然后下沉；报纸也能下沉。从烟盒上撕下来的纸就没那么好对付了，在水面上能浮很长时间，不过泡一会后捞出来挤一下再扔回去，它也会沉下去。

茶叶沉浮辩论赛

天下风云出我辈，一入江湖岁月催。茶叶问题众说纷纭，“江湖”被小小茶叶搅乱了宁静。于是，Dr. Who召开了一场别开生面的“茶叶沉浮辩论赛”，诚邀各界高手前来比试一番。

一声锣响，辩论赛开始了……

正方：hbchendl，八爪鱼

反方：Lewind，云无心

正方：hbchendl

这小小的茶叶片似乎仍然处于沉浮不定的状态，它的沉浮到底是气体在作怪，还是密度在里面捣乱？似乎大家还没有达到和谐。

仔细阅读大家的发言，我依然认为茶叶的沉浮是由其密度决定的。不是表面或者内部的气泡所致，也不是表面有拒水的结构所致。其根据有二：一是当把热水冲入杯中时，仍漂浮在上面的茶叶是浸没在水里的，没有露出水面。二是茶叶在下沉之前与下沉过程中，并没有释放出气泡。水面上的气泡是冲水时从茶叶的皱折中排出的，一旦杯里的水静止下来(这个过程仅几秒钟)，就不再有新的气泡出现，原来的气泡也很快消失。事实上，高级的茶叶是不泛白沫的，这显得茶叶有点脏。

认为茶叶内或者表面有气体的观点，缺乏事实根据.因为我们看不见茶叶叶面上黏着气泡，也看不见茶叶往外冒气泡，就只能假设这气体很少，或者是溶解到水里了，所以会看不见，这两种假设都不成立。

气泡的浮力大小取决于它的体积，如果它的体积小到看不见，那它的浮力不也就小到没有了吗？我们可以计算一下，一立方毫米水的质量是1毫克，一个能看见的直径约1毫米的气泡浮力差不多是这个数量级。如果气泡的直径小到了0.1毫米，它的浮力就降到了1微克了。这差不多是我们肉眼能见的小气泡的极限了吧？想想看，连1微克浮力的气泡都没有，这点气体对茶叶的浮力还能有多少呢？

气体溶解于水的可能性也很小。原因是我们用的是开水，气体在开水中的溶解度太小了，以至于烧开过的水不能用于养鱼。开水中，原来溶解的气体都释放出去了，哪里还能再去溶解茶叶里的气体？

所以，认为漂在水面上的茶叶内部或表面有气泡的观点有违观察到的事实。茶叶是经过高温加工过的叶片，里面的水分被排出后，并没有气体填充其空隙，而是皱缩起来。茶叶的表面经过高湿处理，原有的隔水层也会受到破坏，这正是制作茶叶的目的，所以茶叶成品的表面不太可能会有拒水的结构。事

实上茶叶是吸水的，别忘了茶叶的主要作用就是要让叶片内的物质渗出到茶水去。如果它的表面拒水，外面的水进不去，里面的物质渗不出来，那它就不是茶叶了。

有一种情况下，表面拒水的效果是存在的，那就是用不热的水泡茶。这时候我们可以看见大量的茶叶片浮在水面上方，它们露在水面的上面，没有被浸湿。如果茶叶片很少，我们还可以观察到茶叶片周围的水面被压下形成一个凹面形状，这是表面拒水的表现。但这只是因为冷水的浸透作用不强，时间长一点，叶片还是会被浸湿、下沉的。牵强一点可以说，茶叶表面有拒冷水的结构，但它经不起热水的浸泡。

这个现象实际上支持了我的观点，茶叶本身的密度小于水，在冲茶过程中，茶叶会吸水，吸饱了水，茶叶的密度就大于水了，就沉下去了。茶叶吸水的速度与水温高度相关，热水中茶叶吸水的速度很大。但由于茶叶片本身的个体差异，会有一部分茶叶吸水速度快，早早地沉下去了；另一部分吸水速度慢些，能在水面上多坚持一会。

我认为茶叶表面有拒水结构的观点解释不了为什么会有很多茶叶会早早沉下去，只剩下少量茶叶还浮在上面。

反方：Lewind

Dr.Who开辩论赛，要“提供更多的证据支持自己的观点”，还要“驳斥别人的观点”。两件事都有点麻烦。自己觉得我的观点已经说得比较透了，一时还真找不到更多的证据。而要“驳斥”别人的观点，就得先把别人的观点看懂吃透。我可能骨子里是个懒人，不得不逼着自己把正方的观点读了一遍又一遍，但愿没有曲解谁的意思。

其实，我们都知道一个关于浮沉问题最好的模型，那就是潜水艇。

如果我们认为潜艇的体积(含水箱的全体积在内)不变，那么在海水进出水箱时，发生变化的是潜艇的整体质量(含箱内的海水)，从而导致其平均密度发生改变。

如果我们认为潜艇的质量(艇及所携气体)是不变的，那么海水进出水箱时，发生变化的是潜艇占据的体积(含气体的体积)，从而导致其平均密度发生改变。

正是平均密度的改变导致了潜艇的沉与浮。无论上述哪种理解，都能得出正确的结论。

茶叶的问题同理，也是密度改变的问题。

hbchendl谈的是密度问题，其实我谈的也是密度问题。hbchendl所说的“表面问题”是连硬币都能实现的水上漂浮，这是水的表面张力造成的，不是我们要讨论的。

我认为，茶叶其实就是一艘潜水艇。无论是参与讨论的朋友提出的“卷曲的空洞”(来自谢颖)，还是“叶脉”(来自

Albert_JIAO)，或者“海绵组织”(来自潘衡岳)等结构，都成了“茶叶潜艇”的“水箱”。因为无法证实，所以我在最初的答案中也没有否认过上述这些“水箱”的存在。只不过，我认为茶叶表面的纤毛层是更大的“水箱”，是“茶叶潜艇”的“主水箱”。

八爪鱼曾经提出，叶蜡对荷叶表面的拒水起了主要作用，而茶叶的叶蜡已经被破坏了。姑且不论茶叶是否有叶蜡，单是荷叶本身，八爪鱼所引文献中提到：“不是因为化学疏水性，而是在物理性质上。”可见他也赞同，叶蜡不是主因，纤毛才是主因。

八爪鱼还提出,在逻辑上，必须找到所有品种共通的决定沉浮的特点。他说:“新茶制成茶叶的过程，经历过反复的加温(绿茶加温温度至少为180～230摄氏度)、揉搓，有些甚至经过发酵。”言下之意，茶叶的纤毛结构早已被破坏。

之前的讨论限于篇幅，我的确没有谈及茶叶品种的问题。上面的三道工序并不是每一种茶叶都要全经过的。事实上，能100%浮起的白毫银针只经过反复加温这一道工序，而且是在日光下晾干为主，所以才得以最大限度地保有了叶片表面的纤毛结构。喝白毫银叶茶时你可以注意一下，茶杯中部的某些叶片表面有明显的“毛茸茸”的感觉。

绿茶一般在炒制中还需要揉搓，这道工序是白毫银针茶叶所没有的。这个过程显然会在一定程度上破坏纤毛结构。所以绿茶的沉浮现象要差于白毫银针，但也不至于完全没有。因为这种破坏并不是很彻底。

对纤毛结构的破坏，最严重的要数发酵了。半发酵的乌龙茶，发酵的红茶，发酵并经过压制的普洱茶，它们的纤毛结构被破坏得比较严重，也就几乎没有什么浮沉现象了。特别是普洱，我手边恰好有一些，试了一下，除极少量梗状物以外，全是入水即沉，无一幸免。

另外采茶时所采的部位也有关系。叶子的纤毛在靠近芽尖的部分最重。而白毫银针取的恰恰就是芽尖。讲究清鲜的绿茶也是以采芽尖为主，而需要发酵的茶叶大多就没这么讲究了。

上述的茶叶品种、制作工艺上的差别，恰恰对应了茶叶不同的漂浮能力，也从侧面说明，纤毛层在茶的沉浮中起最主要的作用。对于那些纤毛层在生产中有可能被破坏的茶叶种类，能浮着的茶叶就是没完全被破坏的纤毛层起了作用。

有时候用玻璃杯沏茶还能观察到这样一种现象，刚泡上的茶，某些浮着的茶叶表面是亮晶晶的，像是整体镀了层膜。这正是茶叶表面纤毛层包住的空气与水的交界面发生了全反射所致。

茶叶有了纤毛层这个大“水箱”，下一个问题就是如何压缩气体，使水进入，以达到“下潜”的目的。但没有柴油机也没有核反应堆的茶叶无法像潜水艇一样主动压缩气体，于是它采用了一个高明的被动策略——热胀冷缩。

刚一冲茶时，热水使“水箱”中的气体加热，迅速膨胀，超出“水箱”体积。超出的部分混杂在冲茶泛起的泡沫中，逃过了我们的眼睛。“水箱”中剩余的热空气在茶水自然冷却的过程中收缩，从而相当于潜艇水箱中的空气被“压缩”了，让水进来，实现了“下潜”。

八爪鱼还有一个关于水温的实验，发现用温度低的水冲茶时，茶叶的下降率降低了。这是因为水温低将不能使“水箱”内的气体充分膨胀，也就不能排出多少气体。那么在温度下降的过程中，要使这些气体收缩到失去足够浮力的程度，就需要更长的时间。

另外，与一般的茶叶相比，白毫银针有一个特点：茶汁不易浸出，冲泡时间较长。这从侧面说明了，白毫银针下水时并未直接与水接触，而是被叶片表面的纤毛层的气体包裹，所以才不易泡出茶汤。但最终当气体体积变得很小时，在表面张力作用下会收缩成小气泡。于是绝大部分的茶叶表面就得以与水亲密接触了。

hbchendl在答案中提到热水由于杯底散热，所以有上小下大的密度梯度。但实际情况恰恰相反。因为杯底下是桌面，而通常桌面都不是热的良导体，会被杯子迅速加热到与水接近的温度(把杯子端起来摸摸放杯子位置的桌面就知道了，不过要小心烫着)。由于温度接近，会进一步降低热传导的效率。

反观杯口的水面，不但通过热辐射和对流高效散热，还通过水的气化作用放热(气化是吸热反应，但从茶水的角度看，热量被吸走就相当于自己放热)。这些作用的降温效果都要好过杯底与桌面的直接传热。所以实际上杯口的水温要低于杯底，相应水的密度也就大于杯底。所以，热水杯里才会有对流，进一步帮助散热。否则的话，估计人类到现在都还没发明保温杯呢——因为没必要嘛！

这种上大下小的密度梯度看似加速了茶叶的下沉(因为越往下沉，浮力越小)，但实际上，像白毫银针这些浮沉现象明显的茶叶能在下沉中逐渐停下来，悬浮在水中央。这是因为上低下高的温度梯度的存在。随着下沉，环境水温有所增高，气体略微膨胀，浮力加大。当到达某个深度，浮力能与重力抵消时，茶叶就将悬浮在此处。当然，具体的分析还要考虑茶叶的下沉速度和水的阻力等因素，但总体上是一个有阻尼的收敛振荡。也就是说，茶叶会以很小的幅度上下振动几下，然后停在浮力与重力相等的温度层上。

如果茶叶的下沉像hbchendl所说，是水泡胀了细胞，那么在下沉过程中温度的增加只会加剧这一效应，从而不断加速茶叶的下沉，不会出现半途停下，悬浮的现象。另外，密度梯度上大下小，意味着体积不变的情况下浮力上大下小，茶叶的下沉也将被加速，无法悬浮。hbchendl的理论无法解释茶叶的悬浮现象。

此外，hbchendl讲了“沉”，却回避了“浮”的问题。因为他不认为有气体参与了整个过程，所以沉浮仅由于茶叶自身

密度变化造成。他指出茶叶泡水后密度增加，所以下沉，那么言外之意就是茶叶在泡水之前密度小于水，所以能浮。但他从未明确说出这一点，更未解释为什么泡水之前的茶叶密度小于水。

泡水之后，hbchendl认为水进入了“空隙”中，而又否认空隙中原来有气体。那么“空隙”就只能是真空喽？只不过，无论是细胞膜，还是细胞壁，恐怕都难以抗拒真空与大气之间的压力差吧？况且，没有任何外力的情况下，自然界中很难自己产生真空态。

泡水之后的密度，hbchendl进行了简单的定性分析，得出密度增加的结论。但实际情况要复杂得多。为了说明这种复杂的情况，我不得不用一些数学计算。

让我们分析一个茶叶细胞的情况，把其中的物质分为可溶于水的和不溶于水的。按hbchendl的说法，细胞质溶于水，细胞外壁则不溶，能保持细胞的形态。那么，当细胞没有水，处于“干”态时，细胞的干密度＝细胞的干质量/(不溶物质的干体积+可溶物质的干体积)。泡水后，若细胞内腔被撑开，有了一定体积并有了水，那么，细胞的湿密度＝(细胞的干质量+细胞内腔体积×纯水的密度)/(不溶物质的干体积+细胞内腔体积)。需要说明的是，之所以乘纯水的密度是因为细胞的干质量中已经包含了那些溶于水的物质；不溶于水的物质因为不溶于水，所以泡水前后体积不变；而溶于水的物质溶水后就没有体积了。

对上面两个密度进行同样的数学处理，最终使细胞的干密度变成1，而细胞的湿密度变成[(可溶物质体积/细胞内腔体积)+(纯水的密度/细胞的干密度)]。当此式值小于1时，则细胞湿密度小于细胞的干密度；当此式值大于1时，则细胞湿密度大于干密度。

因为其中可溶物质体积远小于细胞内腔体积，故(可溶物质体积/细胞内腔体积)基本可以忽略。关键要看纯水的密度与细胞的干密度的比值。因为前面已经说过，hbchendl回避了浮的问题，基本假设茶叶干密度小于水，则上式值大于1，于是湿密度大于干密度，泡水后茶叶下沉。

但如果hbchendl这个前提假设是错的，也就是说茶叶的干密度大于水，那么上式值小于1，则细胞的湿密度小于干密度，意味着泡水后会令密度减小。

看来，hbchendl答案的正确与否就取决于干茶叶的密度了。我们不妨设想一下，用保鲜膜包一些茶叶，留一开口，放入烤箱加热。当温度足够高时，在烤箱内将开口闭合，取出，进一步确保密封。待冷却后，其中的气体体积已经很小了，可以暂不考虑。将其放入水中，因为保鲜膜的关系，也不存在茶叶泡水的可能。它若下沉，则说明干茶叶的密度比水大。我手头没有条件做这个实验，有条件的“童鞋”不妨试试。但我们想象一下普洱茶砖就应该明白，赶走大部分空气之后，干硬的茶叶本身是密度大于水的。也就是说，其实茶叶泡水会导致茶叶密度变小。泡得越彻底，密度下降得越厉害。

既然泡水让茶叶密度减小，那为什么茶叶不是越泡越浮呢？因为就像hbchendl所说的，这个密度改变的程度很小，小到即使密度降低了，茶叶仍旧比水沉很多，还是要在水中下沉的。

倘若有“童鞋”证实了干茶叶的密度低于水，那么hbchendl的分析就应该基本是成立的。那也和我的“茶叶潜艇”模型不相抵触。一来这种密度改变的幅度太小，很难直接起到实质性作用；二来两者在某些情况下是共同起作用的，而在气膜完全包裹茶叶时，则只有气膜影响沉浮。

hbchendl最后用了纸的例子来说明浸湿造成的密度变大。但实际上，纸本身就是比水密度大的。比如一本《辞海》，不要带硬皮，只要纸质的部分，我们用上面提到的保鲜膜方法来处理。只不过这次不要用烤箱烤了，小心着火。只要压紧包好，基本就没有空气了。你猜猜放入水中的结果会怎么样？我打赌它不能“浮”在水面上。纸的密度比水大，所以它的下沉是必然的。至于单张纸一开始能浮在水面上，原因很多。面巾纸可能是由于流体阻力的作用，烟盒纸则是由于其中多孔结构所含空气的原因，卡板纸则可能是水的表面张力的作用。

最后借此机会说句题外话。在Dr. Who提问的这次讨论中，有人要别人拿出实验证据来，或者说某某观点无法验证。但我觉得这不是发表学术文章，大可不必如此。我倒不是反对实验验证，比如上面提到的保鲜膜实验就值得试一试；但很多时候，不做真正的实验，而是做做“思想实验”也是一种乐趣。伽利略就是靠着思想实验解决了很多问题。大家不妨在Dr. Who

给别人多留一些任思想驰骋的空间。况且在这里，每个问题本身的谜底是什么并不那么重要，重要的是我们能从别人的答案中学到什么。

正方：八爪鱼

由茶叶最终沉入水底可知，茶叶实质(不算空腔)的密度是大于水的密度的。可是在冲茶之前，茶叶的结构是一疏松多孔的固体，茶叶内的空腔中充满空气。这决定了茶叶有一个不同于实质密度的整体密度(小于实质密度)。

空腔中充满空气时，茶叶整体密度直接决定了导致茶叶下沉的因素来自茶叶表面以外，还是茶叶表面以内。

简单地说，当茶叶整体密度小于水，只要空腔中的气体不被水替代，茶叶表面是否有气体附着，都是不会沉的。换句话说，当茶叶整体密度小于水，导致茶叶下沉的因素，就不可能是表面气体附着，而是空腔气体被水替代。

当茶叶整体密度大于水，只要没有其他浮力来源，茶叶都是要沉的，气体附着是浮力来源之一。这个时候，才要考虑是什么因素带来额外的浮力。

所以，尽管从我有的茶叶表面电镜图片来看，表面附着气体的可能性很小，因此我倾向于反对Lewind，但是在得到茶叶整体密度的数据之前，他们二人都缺乏充足的证据支持他们的观点。

当我们分析为什么咬一口茶叶就会下沉这个现象之前，必须先弄明白，茶叶为什么会下沉。进而分析咬一口是如何对茶叶下沉产生影响的。茶叶泡水为什么下沉，是一个不能回避的问题。

至于密度和茶叶表面气体附着的问题，说得太多了，就不多说了。

Lewind认为茶叶不沉，是因为表面附着纤毛，纤毛间有气体无法逸出，而且，其机制和荷叶表面有“纤毛”导致疏水性同理。无论是在解释荷叶现象上，还是在解释茶叶不沉上，都是错误的。荷叶表面的有规则的微结构，小至微米级，更不论有规则的微结构上面的纤毛。这些结构和“白毫银针”根本就是两回事。在大多数种类茶叶加工过程中，就算是白毫银针，纤毛也都会遭到破坏。

再者，自然界的植物蜡，最高熔点为86摄氏度，而大部分茶叶均经过一百多摄氏度的加工。如果疏水结构被破坏了，蜡还顽强附着在茶叶表面，那也相当于一层流水涂层。所以有疏水涂层，并不表示会有气体附着。

也就是说，茶叶疏水性和气体附着之间不是一回事。

图1-4和图1-5所示是一种茶叶的表面结构，至少证明有一种茶叶是没有纤毛的，图1-6显示了经过高温处理前后的表面。

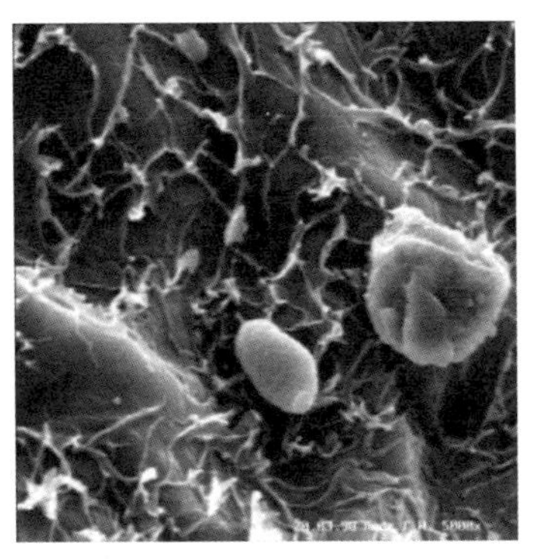

图 1-4 有纤毛的表面

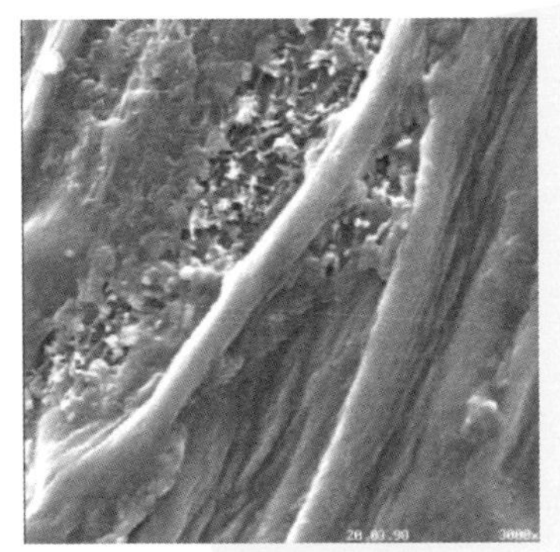

图 1-5 无纤毛的表面

最后，希望大家不要误读我提出的电镜图像的意图。我提到显微表面结构，是为了证明纤毛这样的结构，并非普遍存在。同时，通过和荷叶表面结构类比，质疑茶叶表面也有超疏水结构的推理。

图 1-6 左边的是正常结构，右边的是加温处理、只消除了茶叶上面的绒毛而保留腊覆层。

反方：云无心

A

这个问题的核心在于“为什么浮着的茶叶咬一下就沉了”，而不是“茶叶为什么会沉”。茶叶在水中的浮沉现象比一般固体颗粒分散复杂的地方，在于它的结构在水里会发生变化。对此可以列出的影响因素很多，我们要做的不是列出“可能的影响因素”，而是要比较分析哪种因素是最关键的。

“茶叶的浮沉取决于茶叶整体的密度”当然毫无问题。这里的“整体密度”得是指茶叶及其周围与它紧密联系的那些物质(包括空气甚至吸附的水)的平均密度。茶叶在水中要吸水，最后下沉，但是吸水快慢会受到茶叶表面结构的影响。像白毫银针那些容易浮的茶叶，那层“毫”实际上也阻碍了水与茶叶的细胞接触。而像“边茶”那样用老茶叶做出来的，很容易就自己下沉了。凭肉眼也可以看出，容易浮的茶叶往往都是很嫩的“白毫银针”、“绿芽”等带着“纤毛”的品种。

至于加工破坏表面结构，并不是问题的关键。这不是一个“是”与“不是”的问题，而是一个“程度”的问题。即使用肉眼，也可以看出容易浮的茶叶往往有“纤毛”存在。从茶叶表面的电镜图片判断不出能否附着气体，只能看出它是否具有“超疏水结构”，而且，电镜图片中所看的茶叶是不是能浮的茶叶种类还不确定。固体表面能否有气体的直接因素，不是超微结构而是接触角。像荷叶结构那样极端的情况，是接触角异常大，附着气体能力更高，而不是说只有那样的结构才能附着气体。茶叶上的纤毛结构有助于增大接触角，只要接触角足够大就可以使得其附着气体能力足够强。关于接触角和水中的固体表面的气泡，文献(A.M.Gaudin，*Flotation*，2Ed.，McGraw Hill Book Co.，1957)里有深入分析，不过我也没有原始论文，而只有对该文的转述。

正反方在关于杯中水的密度梯度的分析都很不严谨。一杯茶有三种不同的散热表面：底部通过杯底对桌子传热，周围通过杯壁与空气散热，杯子上方与空气对流传热还有蒸发散热，没有具体的传热参数无法断定杯子内的温度分布。

实际上温度的影响比几个答案中提到的都还要复杂，不过它的重要程度不是那么高。

应该说，这个问题的几个回答都很深入。我并不认为Lewind的回答就很完备和准确，但是他分析到了问题的关键。疏水、纤毛、荷叶结构等不是截然不同的范畴，而是同一范畴之内侧重点不同的概念。hbchendl的分析也没有什么大的错，但结论不是最关键的。

A

尾声：

这回hbchendl只得了四分之一的奖,因为是与反方Lewind分享，而且他还得再分一半给正方的八爪鱼，所以只剩下四分之一了。

事实上，关于茶叶的争论仍然没有一个定论。当然，科学之所以成为科学，就是它允许任何结论被证伪和推翻。

Dr.Who已经悄悄离开辩论赛，你们继续，我回去倒杯茶，至于那种咬一口再吐回去的恶心事儿，我才不干呢！

杯子中的水就是倒不干净？

引子：

要是在大学里一不小心学了化学(每天埋头刷一堆烧杯)，或者不小心在酒吧里打起了工(少不得料理那些高脚杯)，一定会对这个问题颇有体会：洗干净的杯子怎么甩，杯壁上永远挂着水珠。想到堆成山的杯子，Dr. Who擦擦汗，幸好自己既没研究化学，也没在酒吧打工。不过生活里也遇到过这个问题。

问：

A

为什么杯子里面的水总也倒不干净？

“擦擦嘴”的热闹答案

水的黏附，有分子间相互作用(范德华力)的影响，还要看分子或者原子之间相互接触的电子云的“人际关系”好不好。一个东西内部抱得紧紧的，遇上别的东西却可能排斥，或者见色忘友抢着去黏乎，何以见得？有诗为证：

兄弟连心抱成堆，踩屎都说呸呸呸。
小蜜一个都想泡，分庭抗礼拳头挥。
烂泥无心睡软床，愿做你的松糕鞋。
夫妻本是同林鸟，大款临头各自飞。
猫咪蹭痒嗲噜噜，半夜爬墙偷乌龟。
忠诚家犬不自逛，跟屁做虫满心扉。

狗狗：“喂！说什么呢你！”
我：(溜烟)
摸摸肚皮，笑够了，思路大通，转严肃了。

这个问题可以简化成两个相对独立的小问题：

1．绝大部分杯子里的液体是否会流出来？

2．残留的小液珠最终是否可以流下来？

首先，让我们来考虑前面这个简单点的问题。先确定一个隔离对象——这里我们确定为“杯子里的绝大部分液体”。这个对象内部即使大闹天宫，也不会影响它和外界的关系。再来看外部：它受到重力作用和“杯子分子”的引力。对于蜂蜜、糨糊之类的黏稠液体，相当一部分会被杯子“挽留”下来，这样就不能完成液体大逃亡的任务了。

其次，让我们来解决残留的顽固液珠的问题。把附着在杯子底面的液珠作为研究对象，我们可以发现液珠受到了重力、表面张力、杯子底部与液体分子之间的引力作用。假设液珠达到重力平衡，可以静止地附着在开口向下的杯子底部，这种状态下液珠内部没有流动，内部成分之间的互相黏乎程度(简称黏度)就不会参与力平衡。多说一句，向下的重力和液珠的体积成正比(与半径的立方成正比)，向上的固液之间的分子引力与接触表面积成正比(与半径的平方成正比)，向上的表面张力的合力与液珠—杯底接触面的周长成正比(与半径本身成正比)，所以当液珠增大的时候，向下的重力增长的速度远远快过向上的力(比如液珠的半径加倍，重力就会变为以前的8倍，而分子引力和表面张力变为以前的4倍和2倍)。因此，液珠上的力将不再平衡，最终被重力硬生生拖了出去。

下面我们来看几种极端情况：

水银虽然表面张力很大，但是不亲和玻璃(碰上金子倒热情，这个财迷！)，所以内部拼命拉扯，而且特别重，干脆就来个水过鸭背毫不留恋，全跑了。

换酒精试试。它表面张力很小，亲和玻璃，密度又低，如果被快速泼出来的话，内部互相拉扯不厉害，表层还被玻璃抓住，就会被“扒了皮”贴在杯子里，粘得到处都是，然后受重力影响，慢慢靠表面张力拉离玻璃表面，就像是一只变形虫逐渐缩成比较肉实的一堆。这样一来，倒得越慢，液体边缘就越可以抢回“自家兄弟”，逃脱玻璃的魔爪。但是最后

一点可能因为大部队已经跑了，太小的重量不能克服玻璃的拉扯，只好留在杯子口缘。

水呢？密度较高，但是表面张力也较大，亲和玻璃，很可能最后一点水流也会被玻璃抓住，而且偏大的表面张力更容易导致水滴“细长尾巴”的断裂，丢下重量不大的小组对抗热情挽留的玻璃，最终就挂住了。

相互接触的亲疏因素跟液体表面张力的综合影响，会让最后一点液体很头疼——亲和力太强，难以缩成一团减少接触面积，杯子可以稳妥地抓住它们。这种情况在杯子不干净的时候最明显，杯子的某个地方有一块亲水更强的东西(污垢亲水力更强？不平整的表面亲水力更强？)，会有力地抓住一些水，靠表面张力缩得圆鼓鼓的，使水滴掉不下去。

如果容器疏水，也难防止残留。以前看到水不浸润蜡，曾经做了一个蜡质杯子，结果还是有很多水珠挂在杯壁上面，和洗塑料布时遇到的麻烦一样。表面不平滑，加上不干净，让水不能自由流动，太大的表面张力让水膜破碎，靠内部拉扯和表面接触的分子间作用力拉扯液体，形成落单的小组，想靠重力流下去，但与拉扯作用相对弱的外围争抢不过，无法成行。

所以能够一滴水不留的物体表面不但要非常疏水，还要各处几乎同样程度地疏水，水才能靠自身的表面张力尽量收缩成团，时刻准备集体“逃跑”，而且到处打滑无法停留，外部各方向拉力都太小，自己“兄弟”之间拉力却很大，拼命聚集合并，靠重力流动、滚动、滑动，溜之大吉。

总结一下，无论如何，只要液体是和容器浸润的（亲和的），就无论如何都倒不干净。

A

过去晾晒衣服的时候遇到一个讨厌的问题。太大件或者厚实的东西非常难拧干，就算疏水的也麻烦，挂起来后水由于重力流到下摆聚集，水滴一部分因为太重滴下去了，剩下的靠浸润衣服没法掉下去，又靠表面张力缩成一团，表面积变小，蒸发不快，衣服的干燥就主要靠衣服上半部分的大量蒸发，靠浸润的毛细作用[①]“抽水井”，把下面难蒸发的水分移上去扩大面积蒸发，下面的水分直到几乎被抽光了，才开始就地快速蒸发。衣服干燥全过程的延长，就是因为衣服里的水分表面张力和重力在捣鬼。

① 浸润液体在细管里升高的现象和不浸润液体在细管里降低的现象，叫做毛细现象。能够产生毛细现象的管叫做毛细管。

后来我琢磨了一阵子，得到了一个伟大的滴水衣服加速干燥法，现在无偿奉献给没有甩干机的好奇人，一起享受高科技的幸福生活，哈哈！

其实办法很简单，就是降低滴水的势垒[②]，让水尽量多地通过脱离衣服来去除，免得它们都去排队等待毛细蒸发，流失快于蒸发，这个规律靠的就是降低能耗减少等待时间，得到一种拧水的技术改良，嘿嘿。

② 势垒就是势能比附近区域都高的空间区域，基本上就是极值附近的一小片区域。

等水不能自然滴下，或者是滴得不够快了，去找些吸水强的纸来，比如旧报纸、餐巾纸都行，剪几个大概等腰的小三角形纸片，倒立贴在水聚集最多的地方，如果弄湿它们，纸片就可以被水粘在衣服下缘。

于是，有意思的事就发生了。水被纸片拉扯到下端尖部，又靠表面张力缩成一团，继续拉扯上面的水，越来越重，由于纸片这个地方太尖细了，抓不住太多水分，水滴很快互相扯断，一个水珠掉下去了。

上面的水继续被拉下来，若形成太重的水珠，也掉下去，这样的过程不断进行，衣服中能够移动流下的水几乎都只好从纸片尖部流失，接下来，衣服上几乎所有地方都可以进行毛细蒸发，而没有足够水分来黏附的纸片也自然从衣服上脱落了，衣服就干燥得比较快速了。没有测量过具体加快多少时间，只记得感觉算“干得快多了”，看看衣服下摆积聚的那一大汪水，估计占刚拧好时衣服上积留水分近半吧，被纸片帮助“放跑”的水分估计接近这些水的1/3吧。也试过用脱脂棉放水，但是太软了，容易被水坠成细条，流域面积不够大，不比纸片好用。

尾声：

烧杯也好，高脚杯也罢，如果非要做到广告片里那样晶光闪烁，一尘不染，而你又请不起英式老管家，那还是准备一块干净的布，把水珠擦掉吧。

擦不干的桌子

引子：

冬天房间里很干燥，用来擦桌子的抹布经常是由于干透而变得硬邦邦的。现在桌子上有一小片水，如果直接拿干抹布擦一下，会发现抹布所到之处都是水渍，水只是被摊得更平了。有效的方法是：把毛巾用水浸湿，然后使劲拧干，再去擦桌子，桌子上的水就一下子被吸到抹布里了。

问：

为什么有时候干毛巾反而擦不干桌子上的水？

A

“4everfreedom”和“豹猫”共同的热闹答案

谈起擦桌子，可谓是司空见惯的生活琐事，但细细研究，还是有很多门道和智慧的，且看下文慢慢道来。

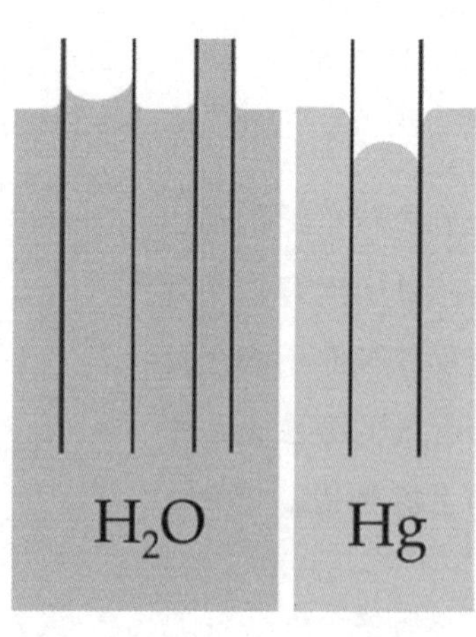

图 1-7　水和水银的毛细现象表现不同

擦桌子的过程，简单地说，就是毛巾类的纺织物与桌子上的水渍接触，利用毛细现象吸走水的过程。毛细现象又称毛细管作用，指液体在细管状物体内侧，在表面张力作用下，克服地心引力上升的现象。在毛细管中，液柱重量与管径的平方成正比，而液体与管壁的表面张力只与管径成正比，使较窄的毛细管吸水比宽的毛细管更加显著。

当然，看似简单的过程，在现实生活中有很多因素会对其造成影响，比如水渍的水量、表面积，以及桌面的材质，甚至环境的温度和湿度等。

而毛巾类织物本身的一些特性，则在吸水过程中起到举足轻重的作用：

1. 毛巾的吸水性大致与其表面积和厚度成正比。

2. 毛巾的材质。通常，植物纤维(即所谓全棉)毛巾，它的吸水性要优于人造纤维。(吸水性：全棉>混纺>化纤)

3. 纺织的技术方法。同材质且大小厚度均相同的毛巾，若其纺织中使用了较细的纤维，则吸水性更优秀。因为纤维越细，成品表面同样面积内纺织孔隙越多，且更狭小密集，而孔隙则是毛巾发生毛细现象的关键。

上文，指出了影响毛巾吸水的多方面因素，我们回到核心议题，干毛巾与湿毛巾的吸水性问题。我们假设上文提到的全部因素都一致，在同样环境条件下，就同材质且大小厚度一致的干燥毛巾与浸湿拧干的毛巾在同样的桌面，对同一水渍的吸水过程进行推论。

干毛巾为什么会吸水不良？

首先，干毛巾应该和荷叶有相通之处。荷叶有奇特的表面结构，粗糙的表面微结构中充满空气，形成的空气垫阻止了水向下渗透。而干毛巾纤维中充满空气，由于空气垫的阻隔，水不能顺利进到毛巾的纤维中去。

其次，干燥毛巾处于脱水状态，纤维干瘪收缩，由于纺织物特性，织物表面变得很不整齐，虽然纤维收缩使孔径变得狭窄更有利于吸水，但有的孔隙处却由于残留的污垢造成纤维黏连，导致阻塞并阻碍毛细现象发生，从而影响吸水性。

那么，将毛巾浸湿后再弄干，吸水性提高的原因又是什么？

1. 浸湿毛巾时，大量水进入，挤出了毛巾孔隙中的空气，在日常生活中我们就可以观察到弄湿干毛巾时有小气泡冒出的现象。

2. 把干毛巾浸湿然后拧干，就是用水软化毛巾，把其中的空气排除。而后挤出一些水，在挤的过程中毛巾被压缩形变，这样短时间内一些微结构孔洞中可能还有负压，接触到水会马上吸入。

尾声：

其实真实的情况远没有那么多的绝对，湿毛巾的吸水性也不见得就比干毛巾强，毕竟以上的种种探讨和推论终究还是纸上谈兵。现实中充满了不确定，但正因为这些不确定，才有了这么丰富多彩的生活。在平凡的生活中寻找发现科学的智慧与乐趣，才是我们的最终目的。

B 厨房

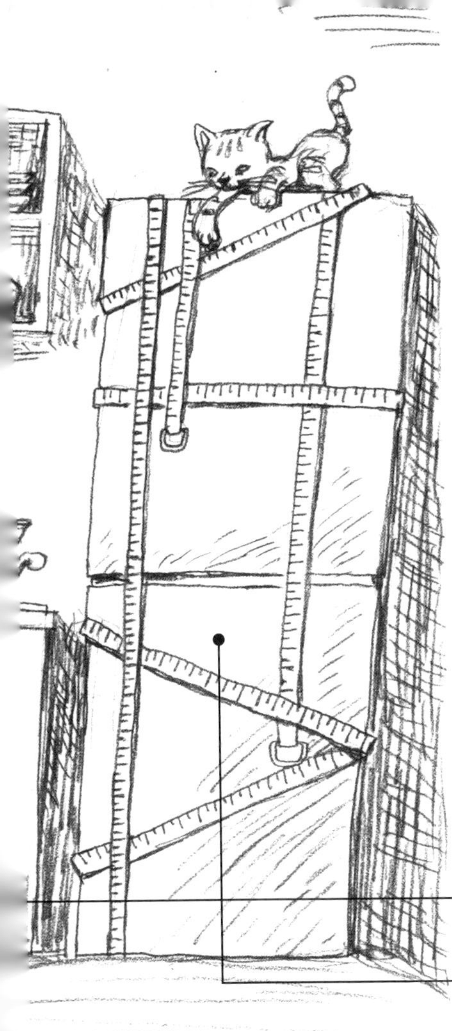

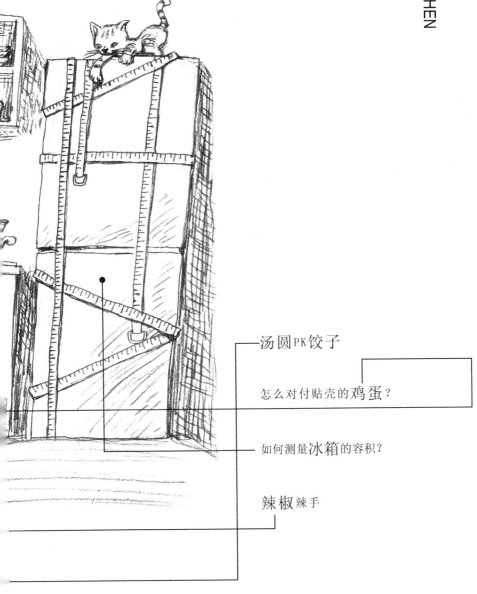

汤圆PK饺子

怎么对付贴壳的鸡蛋？

如何测量冰箱的容积？

辣椒辣手

B

汤圆PK饺子

引子：

在Dr.Who眼里，凡是和饭桌有关的话题都是重要的知识。汤圆和饺子——两种中国传统节日美食有一个共同点，即它们的传统做法都是下锅煮的。不过这次Dr.Who没打算去想更爱吃哪个，这回的问题无关美味和卖相，而有关于下锅。

问：

为什么汤圆可以边煮边翻跟头，而饺子却不行？

“沐右”的热闹答案

中国有很多地区的习俗是新年吃水饺，正月十五煮汤圆。煮汤圆的时候，可以看到汤圆在水里不停翻身打滚，但煮水饺时水饺却安静得多，基本上不动，只是偶尔会翻个个儿。这是为什么呢？

对于一个漂浮在水上，或者是悬浮在水中的物体来说，重心的位置越高，物体本身的重力势能就越大，因此这类物体总是倾向于让重心的位置更低一些。水面上的篮球很容易就可以让它转动，但扁平的小船即使在一定的风浪条件下也不会翻。煮汤圆或者水饺的时候，锅里的开水咕嘟咕嘟沸腾，不断地给汤圆或水饺提供随机的力矩，只要它们的重心位置利于转动，很容易就会翻个。

现在的问题就是，汤圆和水饺的重心位置究竟如何。让我们看看汤圆和饺子的结构。如图2-1所示，汤圆是一个球形结构，有着很高的对称性。这使得汤圆在转动的时候，重心没有任何变化，一个很小的力矩就会让它转动起来。

汤圆和饺子在静止的时候，重心都处在尽可能低的位置

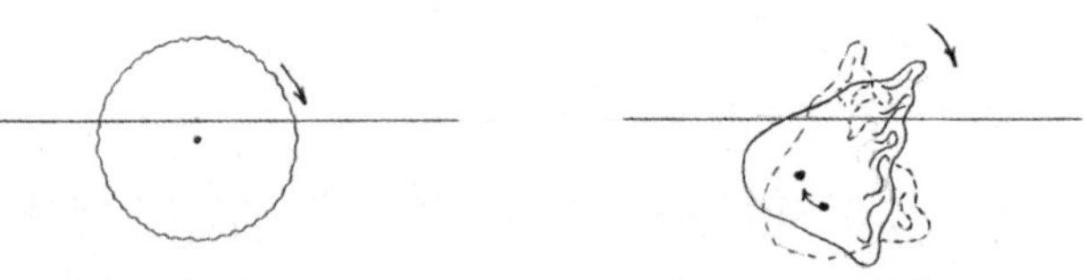

汤圆滚动时重心位置不变　　饺子滚动时，重心位置被抬高

图2-1 汤圆和饺子在煮的时候发生的重心变化

饺子复杂的结构决定了它的物质分布不均匀，重心的位置也相对靠近有馅的一侧。单个水饺在锅里的时候，会自动选择重心最低的位置。这样，要让水饺

翻转，势必要提升饺子的重心，但那样需要一个很大的力矩，即使转上去了也是一个不稳定的状态。并且水饺的形状使得它转动时需要排开一定的水，这就使得它在水中翻滚更加困难了。

汤圆在锅里做着自由体操，饺子在沸腾的水里随波逐流。今天是冬至，你猜Dr. Who在哪里？

B

怎么对付贴壳的鸡蛋？

引子：

平常的一天，再普通不过的一顿早餐，Dr. Who正剥开他人生中的第3000颗煮鸡蛋。每天早晨的一颗煮鸡蛋，并未让他熟练掌握技巧，剥得还是坑坑洼洼，蛋白贴在蛋壳上。护肤品广告里，如女主角皮肤般光滑的鸡蛋到底是怎么剥出来的？

问：

为什么有时候煮熟的鸡蛋会贴壳（也就是蛋白贴在壳上，不好剥）？

號外 From "游识猷"

曾经有一个蛋，摆在一个爱吃煮蛋的完美主义者面前。他十分珍惜，可是不管他如何小心翼翼地剥壳，剥出来的蛋还是坑坑洼洼犹如月球表面，世界上最痛苦的事莫过于此。完美主义者含泪仰天长叹：为什么？这究竟是为什么哇！

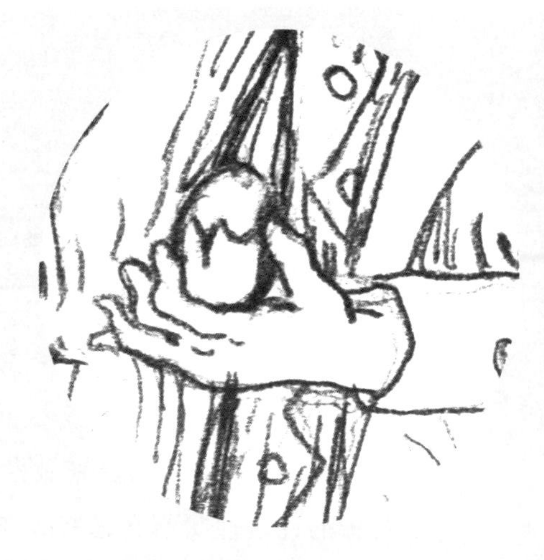

万事万物都有解释，“蛋白为什么老要黏在蛋壳上”这个问题自然也不例外。

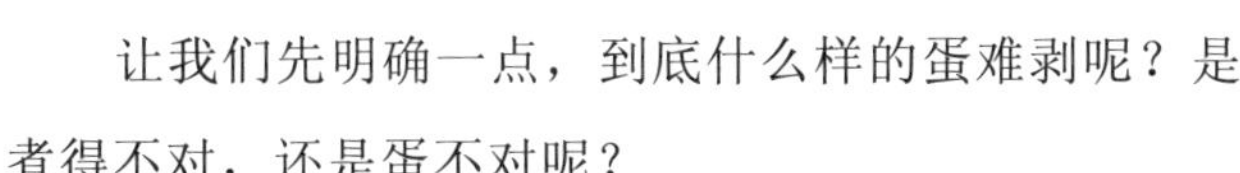

让我们先明确一点，到底什么样的蛋难剥呢？是煮得不对，还是蛋不对呢？

我们可以首先排除蛋壳的颜色这个因素。1990年，Cherian等研究者已经证明白色壳与褐色壳的鸡蛋在可剥性(peelability)上没有显著的统计学差异。

顺便说一句，国外研究者普遍用两条标准来衡量一枚鸡蛋的可剥性：一是剥去全部壳所需花费的时间；二是剥出后的蛋外观是否光滑完整。

图2-2是一张鸡蛋剖面图，可见鸡蛋从内到外的主要结构包括：蛋黄、蛋白、两层蛋膜——内膜与外膜、蛋壳。

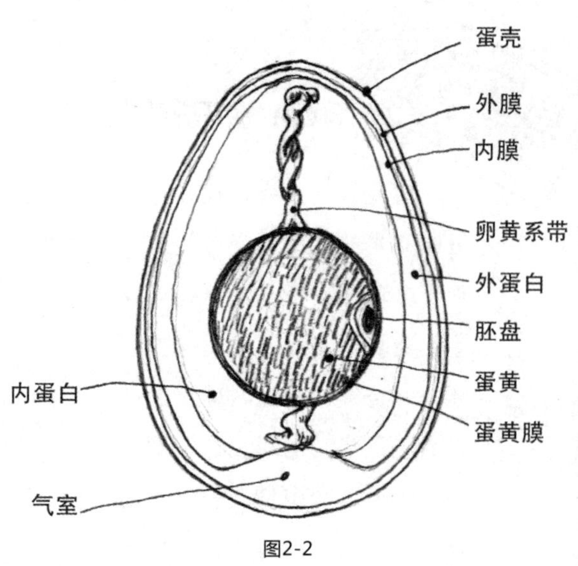

图2-2

决定一个鸡蛋好不好剥的最大关键就在蛋清上。

越新鲜的蛋越难剥。国外的美食杂志曾建议煮妇们，在冰箱里放了7～10日的蛋来做煮蛋最完美。随着时间流逝，新鲜鸡蛋的许多性状都会逐渐改变，其中对剥蛋影响最大的当属两个——第一是蛋清的酸碱度，第二是蛋的内容物体积。

刚产下的新鲜鸡蛋蛋清内蕴含有之前代谢产生的二氧化碳，因此蛋清略显混浊，pH值约在7.6～7.9，属于相对偏酸。而来到世间后，鸡蛋就能通过多孔的蛋壳与外界交换空气——吸入氧气，放出二氧化碳——其实就是鸡蛋在呼吸。而二氧化碳的散失则提高了蛋清的碱性，使得pH值上升。一般在3天后，鸡蛋蛋清的pH值就上升到9.2附近。21天后则会上升到9.4，最高可以达到9.7。

早在1959年，一名叫Swanson的研究者就写了一篇题为《新鲜煮蛋与壳经处理煮蛋二者剥壳问题之观察》，里面十分精确地提出，只要蛋清的pH值低于8.7则蛋壳难剥，高于此值时蛋壳好剥。他同时也提到，一般只要把新鲜鸡蛋在15摄氏度下放置48小时，pH值即可升到8.7以上。如果特别着急，那么在密闭容器里用氨水蒸气熏蛋10分钟也能使蛋清迅速达到这个pH值。

在Swanson之后，1961年Meehan等人，1964年Reinke等人也研究了这个问题，得出的“易剥蛋清pH值”也大致都在8.7～8.9。他们还在显微镜下观察发现易剥蛋的鸡蛋膜结构都显得较为致密，难剥蛋的鸡蛋膜则结构相对疏松。

此外，鸡蛋在贮藏过程中也会通过多孔的蛋壳逐渐散失一部分水分。因此同样大小的新鲜鸡蛋总是比较重一点。当放在水里时，最新鲜的鸡蛋都会下沉，而老鸡蛋有时会悬浮起来。水分散失直接造成了鸡蛋内容物体积变小，这就给蛋清与壳之间那个气室扩展了空间，并且在内外膜间形成了微小的缝隙——这自然也有助于我们剥鸡蛋。

综上所述，假如我们用某种方法封闭蛋壳上的小孔使得二氧化碳和水分都难以散失，这就意味着较低的蛋清pH值以及较多的鸡蛋内容物。换言之，我们可以人为地制造出一枚难剥的鸡蛋。

还真有人做了这个实验。1963年，Hard等人就用食用油以及硅润滑油涂在鸡蛋壳上，过了一段时间再去煮。他们证实了这种做法使得鸡蛋变得难剥多了——剥一个未经处理的蛋花费时大约是11秒，而剥一个曾经涂油的鸡蛋则要花费21～22秒。

网上曾有人建议干脆以后超市开辟一个专区——“不那么新鲜的最适合做煮蛋绝不黏壳的鸡蛋区”，不过连提议者自己也怀疑，这一区的鸡蛋很可能最后会卖不出去。

既然直接买老鸡蛋不是我们一般会做的选择，那么当我们要煮新鲜鸡蛋的时候该怎么办呢？写了《食物与烹饪：厨房中的科学与知识》(*On Food and Cooking: The Science and Lore of the Kitchen*)的Harold McGee建议往水里加碱，原理和用氨水蒸气熏蛋类似，都是迅速升高蛋清pH值从而让蛋壳变得好剥。在他的书中记载着“半茶匙的苏打粉(碳酸钠)就可以让煮鸡蛋的水碱性增强(不过这样煮出来会加重了鸡蛋本身的硫磺味儿)”。1998年，台湾大学畜产系的苏郁钧则在他的硕士论文《卤蛋品质改进之研究》中也提到：“实验结果显示，鲜蛋以3%氢氧化钠水溶液浸泡17小时处理，可明显提高蛋白pH值，使蛋水煮后易于剥壳，蛋白表面光滑完整。”

他俩建议加碱，而美国密西西比州立大学食品科技专业的教授Juan Silva倒是建议加酸，目的则是软化鸡蛋壳：“鸡蛋壳主要成分是碳酸钙……所以煮的时候在水里加点醋，你就会得到一个比较好剥的软软的壳。”

还有一个广为人知的方子：煮完蛋以后迅速把蛋捞出，投入冰水中冷却。这方法的原理在于蛋清与蛋壳热胀冷缩系数不同，后者相对而言变化更小些，因此鸡蛋就会收缩得更快且更多，为我们留出足够轻松剥出一枚光滑圆润的鸡蛋的缝隙。

尾声：

如果这三个方子你都还嫌太麻烦，好吧，最后的大杀器在此。

自动剥蛋器（图2-3）。

Dr.Who陷入了深深的沉思：难道广告里女主角贴在脸上的光滑煮鸡蛋，都是不新鲜的么……

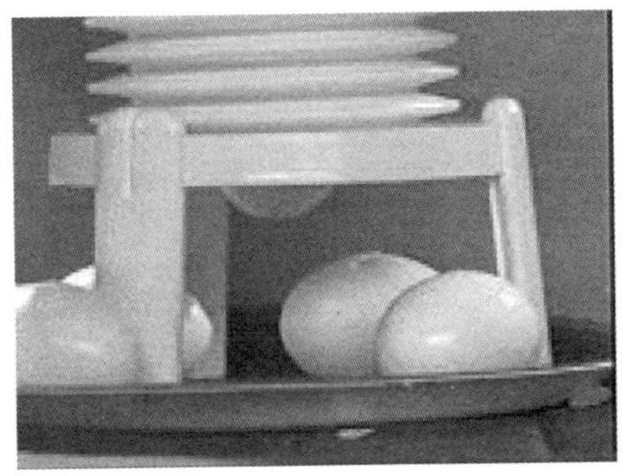

图2-3

如何测量冰箱的容积？

B

引子：

有一个很老的笑话：把一头大象关进冰箱需要几步？

答：三步，打开冰箱门，把大象放进去，关上冰箱门。

这个答案其实一点都不好笑，如果冰箱容积够大，这样真的可以把大象关进去。

可是到底需要多大的冰箱呢？

hbchendl发现家里两个冰箱，新的冰箱是容积206升，旧冰箱是181升。两个冰箱并排一放，嘿，粗细一样，旧冰箱反而高出一头来。为嘛容积小的冰箱反而个头大一些呢？

论坛上很快就有答案了："保温材料比以前好了，不用那么厚了，所以内部容积就大了。"

问：

有什么方法来测量冰箱的容积呢？

一、“敬重洗衣盆”的热闹答案

个人认为比较好的方法是利用计算机技术来帮助我们测量冰箱体积。十分幸运，华人科学家艾瑞克•陈(Eric Chen)发明了QuickTime VR，即虚拟现实环境技术。简单来说，就是拍一套360度的照片，然后用软件把这组相片“粘贴”起来。我们就能够在由此生成的虚拟环境中“遨游”了。该技术已经非常成熟，虚拟博物馆和虚拟旅游使用的就是这项技术。

虚拟现实环境技术完全可以胜任测量冰箱体积工作。我们不妨实践一下，但是准备工作是相当繁琐的，我们绕开它吧。不如花点笔墨用来说点重要的。

1. 利用Pano Viewer软件，也可以选用QuickTime VR软件(这两款软件都很优秀)导入冰箱内部空间的360度相片。

2. 通过软件从相片中抽样出离散图像，组成基础数据，这样便完成了全景图的构造。这样一来，我们就可以利用其中数据，例如长、宽、高来进行体积计算了。

点评：利用照片虚拟重构，在“虚拟现实”里面测量体积。没有细节，具体的可行性不好判断，方法的误差不好衡量。相片组合之后的“虚拟现实”可能存在较多误差。

二、“xiaochen172”的热闹答案(一)

B

1. 实验原理

冰箱内部是典型的恒温密闭容器(不恒温也没关系，以下实验也能进行)。首先，设冰箱体积为V，其中充满标准大气压下的空气，空气不流动，处于稳定状态。设该空气的干球温度为T_1，含湿量为d_1。在该密闭空间内放入某种吸湿剂，该吸湿剂不能和其他空气成分反应，吸湿后也不能产生其他化学反应(比如用五氧化二磷颗粒，不能用氢氧化钠之类的东西)。设吸湿过程充分完成(就是说吸收完全，吸湿剂全部用完)，此时含湿量为d_2。含湿量的变化为$\Delta d=d_1-d_2$(Δd的单位应先换算为毫克/升)。干燥剂吸收水重量为m，单位为毫克。则冰箱容积为$m\times\Delta d$，单位为升。

2. 实验应测参数

(1)实验开始前应测量冰箱内的干湿球温度，实验结束时测量该状态下的干湿球温度。

(2)干湿球温度得到后，可以通过查表得到含湿量(没有确切公式，只能查表)。

(3)干燥剂在实验开始前称重，结束后称重。

3．仪器设备

(1)干湿球温度计各一；

(2)分析天平一；

(3)干燥剂若干克。

4．实验过程

将干湿球温度计放入冰箱，稳定后记录读数；干燥剂应用盖子密封称重，记录读数。

将干燥剂迅速放入冰箱，去掉盖子，关好门。

一天后，打开冰箱门，迅速将盖子旋回干燥剂瓶，称重。同时记录干湿球温度，特别是湿球温度，记录应迅速准确。然后按实验原理进行计算，得出数据。

5．减小实验误差的方法

(1)可以在冰箱内放置摄像头，避免开关冰箱门带来的误差。通过摄像头记录读数。

(2)开关干燥剂瓶应在冰箱内完成，可设计遥控开瓶器。

(3)实验过程中一直让冰箱断电，稳定的又比较高的干球温度有助于提高实验精度。

(4)记得算上实验装置的体积。

点评：利用吸收空气里面的湿度来测量体积，想法不错。

可能存在的问题：冰箱密封性不一定好，干燥剂不一定能全部吸收水分，湿度计的测量不一定准确。关于湿度到底是按天气预报还是按测量有点纠结。

三、“xiaochen172”的热闹答案(二)

我承认间接测量的方法太过复杂，而且变量多。那么，再提一个直接测量的方法。

首先介绍一下聚氨酯发泡剂：这是一种用于填充、密封的泡沫状发泡剂。从罐子中喷出时，它是半流动状态，可以黏附，充满任何形状的空间。然后，一段时间后，它会固化，成为有一定体积形状的塑料泡沫。

实验前，应当用保鲜膜将冰箱内表面铺满。然后，使劲喷发泡剂(特别要注意半流动状态的发泡剂在高处可能往下流动，造成高处有空隙，所以应当多次喷注)，直到发泡剂完全充满冰箱内部空间。最后门胆上的空隙可能较难填充，可以在罐子上接导管之类的细管填充。完全填充后，稍等几个小时，确认泡沫已经固化。打开门，不管用什么方法，抠、挖、抓、咬，把泡沫弄出来。因为我们只关心泡沫的体积，所以哪怕你得到的是一堆泡沫碎屑，也可以。但是泡沫在一定范围内有弹性，超过范围就会被压缩，影响精度，所以还是尽量取得整块泡沫为好。铺保鲜膜是为了防止泡沫粘在内壁上造成误差。忽略保鲜膜体积(硬要测量也可以)，用排水法或者排任何液体法测出泡沫体积，就能得到冰箱的容积。

实验的难点是：第一，保证发泡剂完全填充；第二，保证取出泡沫的时候不过度挤压泡沫，可能用刀小心切块后取出，比较能保证精度。

其实，冰箱后面的隔热层里全是发泡剂。厂家造冰箱时就是预留小孔，然后往里面打发泡剂，让发泡剂充满整个预设的隔热区。

点评：利用发泡剂来制取冰箱内部体积的模型，再测量体积。这是一种比较可行的方法，相当于得到冰箱内部的实体模型，然后可以通过直接测量体积，也可以先测质量和密度再得到体积。只不过，这种“聚氨酯发泡剂”需要水分才能够固化，一般用作黏合剂，可能得到泡沫的过程不能像描述得那么容易。

四、“环保”的热闹答案

把一种细长的蜡烛(比如生日蛋糕上的)放到密封的冰箱里燃烧，测量燃烧后的残余长度(一根不够可以多加几根)。并把其和一个已知体积的比如用保鲜膜(或烧烤用的铝膜)封好的水桶里燃烧所耗的蜡烛长度作比较，就可以得到冰箱的内体积(容量)了。(对于风冷的冰箱可以把进出风口用不干胶封好再测量，这样就可以减少那部分的误差)。

水桶的体积可以用称重法来确定(水在标准状态下1千克为1升)。

这个方法的理论基础是，密闭环境里同一种蜡烛燃烧到自然熄灭所耗的量(可以用长度来量度——假定它是均匀的)与它所处的环境的空气体积成正比。

较细的蜡烛可以有比较高的长度测量精度(用比较精度高的重量计也可以)，同时它较慢的燃烧速度能比较均匀地耗去冰箱里的氧气，从而降低误差。

点评：蜡烛燃烧时火苗上方最好用一层金属的东西相隔，避免局部过热损坏冰箱。

五、网友“d4rkblue”的热闹答案

要测量冰箱容积，首先应该是在不损坏冰箱的情况下(测完我家的冰箱我还要用呢)，其次是要易操作和低碳环保。下面是我的答案及步骤：

1．准备一个大号的气球，吹起来直径超过1米的那种，甚至可以是气象局用的那种气象气球。实在没有的，薄一些的密封口袋也可以，但是一定得能填充满冰箱内部的空间。

2．把冰箱里的隔板架子等多余的部件全部拆下来，然后把气球放进冰箱，关上门再给气球充气。(别问我密封的冰箱怎么往里面的气球充气，找一根输液用的管子插进去，从冰箱里的排水口串进去都是可以的。这是个小问题，总会有办法的。)

关于为什么我选择充气来测冰箱容积，因为如果用水的话估计冰箱也差不多可以报销了，而且我想不出来用水的话

如何保证冰箱的内部全部被水填充满。气体可以完全扩充到冰箱内部的空间，这个也是为什么选择气球和塑料袋需要薄一些的原因。

3．当不能再充时(把握充气尺度，别把气球给搞破了)，密封好气球，测量里面气体的容积既可。气体体积测量方法不再阐述，气体状态方程就可以很好地解决问题。

这个方法应该可以比较精确地测出冰箱容积，比起装水的方法可行性会高一些，而且不会损坏冰箱。

点评：用气球的话，冰箱的边角的地方不能保证完全密合，而且，这要求冰箱四面透风才行，建议在冰箱的多个面上钻上小孔。当然，这样还是损坏冰箱了。

六、网友"ljljdbd"的热闹答案(此篇得到了fujia的推荐)

想要知道冰箱有多大？最简单的方法就是阅读冰箱的说明书，工厂的测试条件要比你家里好上无数倍。假如你无法相信你的供货商，那么你也可以自己来动手测量一下：

方法一：假设冰箱内部为长方体，用尺子量出冰箱内壁的长、宽和深，三个数据相乘。

方法二：把冰箱放倒，密封边缘，用各种流体(水、油、沙子等)灌满冰箱，然后倒出测量装载量。

这样你就可以得到一个数值，看起来和厂家给你的也相差不到哪里去，但是你想过没有，这就是你想要的吗？

至少对于我来说——不是！

和买房子一样，买冰箱不但要考虑“建筑容积”，更要考虑“使用容积”，冰箱里有一些容积是不可以使用的：冰箱隔板、抽拉盒、鸡蛋托盘、温控、除臭装置，除了这些，在放置东西的时候，不可避免的，食物、饮料之间会有无法利用的空隙，这都是“非使用容积”。

去掉这些地方，你的冰箱还有多大呢？有时候你可能会遇到这样的问题，你冰箱里有个空间能放得下一层罐装啤酒，还有不少的空隙，可就是再也不能多放下一罐了，这时候，那些空隙就是“无用的空间”。所以，合理科学的冰箱容积描述绝不能简单地用“升”来描述，而应该有一整套科学的系统。

我们可以构建如下一个系统来科学描述冰箱的装载能力：

1. 规则长方体容纳力，比如以盒装果汁为单位，该数据接近容积极限值。

2. 规则柱状物容纳力，比如以罐装啤酒为单位。

3. 单个不规则物体容纳力，比如能放得下的最大西瓜的重量。

4. 综合容纳力，选择多种物品，组合容纳，设定计算系数。

由此，我们可以建议冰箱厂家以后再生产冰箱，给消费者提供绝对容积以外，还应该提供一个容纳系数，以体现冰箱设计的合理度，或者开发一些有容纳偏好的冰箱，以供不同需求的消费者选购。

点评：有点文不对题的感觉。要求测量冰箱的实际容积，而不是设立一个新的衡量装载能力的标准。但是，创意不错！

七、网友“chenyu”的热闹答案

其实我觉得一次性测量免不了会很麻烦(比如填乒乓球、烧蜡烛……)。

为什么不考虑测很多次呢？这里我们使用的算是统计学的方法：

方案：

1．先把冰箱关上一段时间，保证冰箱内空气温度与室温一致(这里假设室温不变，也可以找室温相同的时候)。把冰箱制冷到一定等级(冰箱上都可以调设)等到冰箱待机(冰箱也是像空调一样间歇制冷的)就可以了，我们设用电量为P_0和温度为T，至于用电量与容积关系什么的不用管。

2．关上冰箱等冰箱温度回到室温，在冰箱里加入200mL的室温的水(其实任意量都可以，方便加就是了)，其实加一定体积的金属也可以(有的话)，把冰箱制冷到一定等级，测用电量P_1。

3．关上冰箱等冰箱温度回到室温，在冰箱里加入300mL的室温的水，把冰箱制冷到一定等级，测用电量P_2；

4．关上冰箱等冰箱温度回到室温，在冰箱里加入400mL的

室温的水，把冰箱制冷到一定等级，测用电量P_3；

5. 关上冰箱等冰箱温度回到室温，在冰箱里加入500mL的室温的水，把冰箱制冷到一定等级，测用电量P_4……

其实越多次越好，但基本上四五次是要有的。

于是我们得到两组数据，一组是用电量P_0、P_1、P_2、P_3……一组是水的体积；我们把P_1-P_0、P_2-P_0、P_3-P_0……等看成一组(排除冰箱的其他耗电)，水的体积为另外一组。

由于$Q=mC(T_2-T_1)$(Q指消耗能，m指质量，C指比热容)所以耗能和温度变化是呈线形的，由于温度变化不好控制，这里通过加水来控制比热容的变化，但仍然呈线性关系。因为现在温度恒定了，变化的只有水和空气的平均比热容，即$Q=(mC)*T$；$mC=m_1C_1+m_2C_2$。其中m_1、m_2是空气和水的质量，C_1、C_2是它们的比热容。

至于电冰箱耗电量差(P_1-P_0)与Q的关系，基本上是线性的，因为冰箱靠的是氟利昂的气化与液化，而氟利昂的体积是相同的，故向外释放的能量和向里是正比关系的(一般情况下是相等的，这里只要两边是正比就可以了)。而我们考虑的耗电量差，基本上已近抵消掉了多余的耗电。这里假设比例为K，即$P-P_0=KQ-kQ_0=Km_2C_2T+Km_1C_1T$。

这里可以用线性回归(只要有两组数据就可以很容易的回归)。可以用线性回归的公式，也可以直接用Excel输入两组数据画图然后点情节趋势线(Plot Trendline)。

然后我们得出来趋势线的方程，$P-P_0=Km_1C_1T+KTC_2m_2$，其中P

和m_2是变量。

而通过方程画出来线以后，我们得出的了常数项m_1C_1T和截距C_2T，因为比热容都已知，所以冰箱中空气质量m_1就出来啦。知道冰箱内空气的质量，则其体积自然就出来了。(因为冰箱里一开始就是常温下的空气，冰箱密封性也不错)

不足：冰箱的泄漏问题，其实前面很多方案和我一样，应该都有遇到这样的问题。

点评：基本的想法，在于从室温开始降温，冰箱和冰箱里面的一定体积的水到某一个低温，然后看耗电量和体积的关系来推断冰箱里面空气的体积。但是实际上，这种做法的误差可能非常大。即使考虑耗电量的差值，冰箱总是有一个效率的问题，这个制冷效率也还要看过程中的降温速度如何等。在实际操作中，这个因素可能难以扣除。

八、网友“yinjh”的热闹答案

在冰箱中放一定体积(V_0)的水，结冰后，水的体积会增加，冰箱中气体的体积就会减小。根据这个原理设计如下实验：

假设冰箱密封，设水结冰前后，冰箱内气体体积分别为V_1、V_2，气体压强分别为p_1、p_2，冰箱内温度分别为T_1、T_2。利用理想气体公式：$pV=nRT$(p为气体压强；V为气体体积；n为气体的物质的量；T为体系温度；R为比例系数，在任意理想气体

而言，R是一定的）

整理后得到：$pV/T=nR$

其中，气体的物质的量n没有变化，R为常数，所以得到：$p_1*V_1/t_1=p_2*V_2/t_2$

p_1、p_2、T_1、T_2可以用气压计和温度计测量得到。

又因为水结冰增加的体积（V_3），等于V_1减去V_2，即$V_2=V_1-V_3$。V_3的测量比较简单，不加赘述。

接下来，我们代入测出的数值解方程组就可以了。

点评：利用水结冰的体积变化来使得冰箱内部的气体体积和压强发生变化。但是，这个变化量很小，需要非常精密的测量才行。这个方法要求冰箱绝对密封，然后也没有讲如何去测量的问题。

九、网友“artbluebell”的热闹答案

冰箱，有抽屉的，有推拉门的。

首先称量下冰箱的重量m_1，把冰箱的散热孔给封住。再把冰箱搬到沙漠中（当然我们得保证这边沙漠已经经过检查，沙粒很均匀，而且很干燥），然后把冰箱的门卸下来，把冰箱埋在沙堆里，连冰箱门里也都灌装上沙粒，再把冰箱门给装上，称出承重下装满沙粒的冰箱的重量为m_2。

那么冰箱容积等于$(m_2-m_1)\div$（$1cm^3$的沙粒的重量）。

最后把冰箱运到一个干净地方，把门打开，把沙粒倒出来。

点评：往冰箱里面灌沙子的方法，和往冰箱里面灌水、充泡沫的方法可以一起考虑。把冰箱搬到沙漠去做实验倒是没有必要，买豆子或者细沙回来就可以了。

十、“冰冻过的鱼实”的热闹答案

首先认为这个问题本身的意义不是很大，冰箱里有很多空间可以算作无效容积。因为你根本就不可能用到它们，还有些地方是不允许放东西的，所以说，单纯的计算容积意义不大，这也是为什么厂家给的资料仅仅准确到升。

如果说真的要计算的话，其实应该也不算很难，学过一点建模的人把冰箱内部尺寸用卷尺和卡尺大概量一下，做一个简单的长方体，并在其内部挖出一个空间，装上隔板和柜子，记得加上简单的倒角，至于冰箱门的部分就一样依样画葫芦。说实话冰箱的结构算是很简单的，主要是注塑件，没有什么太复杂的结构，很复杂的结构一般都可以用长方体、正方体来简单代替下。制作过程不是很难，而且大部分的部件都是板件，实际所占体积真的不大。

完成了建模之后，通过软件的功能可以立即得到内部的容积究竟为多少。

测量值的准确度全由自己控制，你如果想要得到的容积数值精准些就建模时建得精细些，将一些你认为不准确的代替品(那些方块和板)做得精准些 。

此方法成本很低，粗糙的半天就能做完，精细的也就一天半，我相信不会比滴定法差。做完以后还可以试一下自己家冰箱可以放多少东西。其实最方便的应该是跟厂家要3D模，直接用软件一读就有结果。

点评：用尺子测量计算体积的方法，说起来比较简单，但做起来可能费点工夫，比用理想气体什么的精确度可能也不会差。

十一、“madbyte”的热闹答案

实验器材：

蜡烛、容量已知(比如1000mL)的烧杯或其他透明玻璃容器、计时器(比如秒表)。

实验步骤：

1．将蜡烛点燃，将烧杯倒扣在蜡烛上，开始计时，到蜡烛熄灭，停止计时。记录时长为T_1。

2．估算冷藏室体积相当于多少个烧杯的体积。误差别太大，比如5个烧杯的误差。假设你家冰箱实际相当于34.141592个烧杯体积，而你可以估计是30个烧杯体积。为增加估算的准确性，你可以拿烧杯当量具，大致测量一下冷藏室的体积。

3．将蜡烛放进烧杯（目的是防风），点燃放入冷藏室，关门。开始计时。

4．当计时到30*T_1时，打开门看蜡烛是否熄灭。如熄灭请重复步骤2，重新估计。要是你确信估计无误或者因为操作失误导致蜡烛熄灭，可不重新估计而直接重复步骤3。如果蜡烛没灭，请关门。

5．隔T_1时间打开门，观察蜡烛是否熄灭。没灭就关门。注意累计时间。

6．重复步骤5直到某次你打开门，发现蜡烛灭了。统计蜡烛一共花了多长时间熄灭。我们算一下，一切顺利的话，步骤4结束时，蜡烛燃烧的测量值是30*T_1，步骤5假设一共做了5次，则蜡烛燃烧测量值又加了5*T_1，所以最终蜡烛燃烧的测量值是35*T_1，那么冷藏室容积是35烧杯容积=35000mL。

7．将步骤2～6应用于冰箱其他空间，可以测出其他空间相应的容积。

实验原理：

1．认为蜡烛燃烧耗氧量是常数v（毫升/秒），氧气在密闭空间中均匀分布。

2．烧杯容积V_1（毫升），则蜡烛在倒扣烧杯中因氧气燃尽而熄灭的时间$T_1=V_1/v$。

3．冷藏室容量V_2（毫升），则蜡烛在关闭的冷藏室内因氧气燃尽而熄灭的时间$T_2=V_2/v$。

4．$T_1/T_2=V_1/V_2$，所以知道T_1、T_2、V_1后就能知道V_2。

误差分析：

1．蜡烛燃烧耗氧量不是常数v，比如与烛芯暴露在空气中的表面积有关。此时可以想办法保证烛芯的燃烧表面积是常数，比如在烛芯上套个铜套。

2．开冰箱门会导致氧气外泄，因为冷藏室被加热后气压比外面高。首先开关要快，减少带入量。当然快速开关门会有风，所以要把蜡烛放在烧杯里防风。其次开关次数要少，这当然只能靠步骤2估计值的准确性保证。

3．冰箱容积不是烧杯整数倍。但误差大小实际由烧杯大小决定了，我们适当减小烧杯体积可以控制误差。

4．计时引入的计时误差。

注意事项：

1．你家要有空冰箱。

2．实验前冰箱断电，以免起火。

3．最好两人操作，否则又计时又快速开关冰箱门，忙不过来。

4．我没有实际做实验(因为没有空冰箱)，其他未知风险不可预测，操作者后果自负。

5．你家冰箱超大的话，准备一根大点的蜡烛，别蜡烛烧完了氧气还没耗尽。

点评：在冰箱里面点蜡烛看时间的方法，实验步骤写得比较规范。不能保证冰箱关门的时候不漏风，无论快开还是慢开，开冰箱门的时候不可能不透风，这个误差比较大，应该想办法解决。

十二、网友“胡丹青“的热闹回答

1．把冰箱横过来(插头拔掉先)；2．买1000个乒乓球，往里扔直到再扔影响冰箱门的开合为止；3．踹一脚冰箱(或者温柔地摇一摇)，再打开门看能不能再多往里面扔几个；4．重复步骤2、3直到没有办法加进更多的球；5．把所有冰箱里的乒乓球一个不剩转移到一个底面积固定的开口大箱子(大约大过冰箱容积的20%)里，量一下乒乓球“液面”的高度，乘以已知的底面积，得出容积估值。

量“液面”高度的具体操作建议：拿一块和开口大箱子底面积形状接近的硬纸板(薄木板)压在乒乓球堆上面；为保持硬板的水平，可以在四角压上四本差不多重的书；拿铅笔在硬板达到的位置划条水平横线，此横线离箱底的距离即为“液面”高度。

估值精度当然与用的是乒乓球还是黄豆(或者大米)有关，根据精度要求和预算斟酌，用沙粒是比较准的，但是也比较麻烦。此思路出发点有点像勒贝格积分[①]对于积分求体积的方法。之前最早先想到的是包装用的泡沫塑料，就是装箱运东西的时候塞在四角避震用的那种，后来觉得乒乓球、高尔夫球、黄豆也都可以。

① 将给定的函数按函数值的区域进行划分，作和、求极限而产生的积分概念就是勒贝格积分。

点评：冰箱里面放乒乓球、黄豆、大米测量体积的方法，跟横过来填沙子灌水什么的类似。

十三、网友“G”的热闹答案

1．清空两个冰箱；断电后打开冰箱门至室温（假设室温为25摄氏度）；在冰箱底部水平放置磅秤；并读数三次……

2．分别放入两只相同的水银温度计，两只相同的气压计；关上冰箱门后通电；使用2/3倍最大功率工作1个小时（假设该时间长度t足够使冰箱内空气的温度下降至足够低）；磅秤第二次读数（三次）……

3．取出温度计读数；（如果冰箱有一个冷冻室、一个冷藏室的话，则应分别比较）；取出气压计读数；这时，假设为冷藏室，温度T、压力p均已知，因为冷藏室不会结冰（与冰箱开始设定的功率有关，此处假设为2/3倍最大功率），利用理想气体状态方程，$pV/T=MR$（M为此气体的平均摩尔质量），可以计算出体积V；如果是冷冻室，则可能需要把里面的冰块拿出来计算体积，然后才可能得到准确的结果（如果经过工作过程后确实有冰产生）。

点评：用磅秤测量冰箱在不同温度下的重量，以推断冰箱重量。磅秤的精度完全不能应付这个要求啊。

十四、网友“bossrobert”的热闹答案

1．在一个不太热也不太冷的正常室温时，关掉冰箱电源，打开冰箱门，让冰箱装上满满一箱新鲜的空气并充分地休息。

2．放入一个温度计，把冰箱的目标温度设到最低，关门，上电。

3．一小段时间后，保证这时冰箱还没有达到设定温度，打开门，看看温度计，记下温度变化dT_1和刚才的运行时间t_1。

4．再次让冰箱回复到步骤1的状态。

5．放入一杯水，记下水的体积V_w和初始温度，其他不变，关门，通电，计时间。

6．重复步骤3，打开门，看看温度计，记下温度变化dT_2和刚才的运行时间t_2，以及水的温度变化dT_3。

由于保证冰箱没有达到预定温度，故可以认为冰箱一直以最大功率P_m全速工作。同时，没有改变使用环境，因为冰箱的功率耗散P_o也可以视为相同。

于是得到方程组

其中，C_1和C_2分别是空气和水的热容量，V就是我们要求的冰箱的容积。

解得：$V=[(dT_3\times C_1-dT_2\times C_2)]\times V_w/[(dT_1/t_1-dT_2/t_2)\times t_2\times C_1]$

无需翻箱倒柜，小憩一下，冰箱容积即可得到！

点评：冰箱在室温下启动，一小段时间之后看温度差，放入一杯水，一小段时间之后看温度差。联立方程求解。

冰箱的额定功率精确度不一定够，冰箱的散热功率可能不是恒定值，开关冰箱门可能造成比较大的误差。

十五、“Tianwei Jiang”的热闹答案

Dr.Who提问如何测量冰箱的容积，我想可能出题者想表达的是：如何在不损坏冰箱的情况下测出容积。如果没有这个大前提的话，开着门往水里一扔，再关着门往水里一扔，相减一下也就出来了，基本也就不算是一个问题了。

在保持功能完好的情况下，为方便测量，让我们来做几个有效的假设：

1．冰箱是密封的。如果不密封，也就无所谓什么容积问题了。

2．冰箱内腔只有一个。如果是多个内腔例如冷冻冷藏分开

的，那么其实分解成两个单内腔处理也就行了。

3. 裸冰箱一台。意思即是冰箱腔体内除了隔层等常规装备外，无其他特殊装置。

4. 只考虑常温。如果算上热胀冷缩或结冰等，也就没有算体积的意义了。

在以上假设之下，其实还是有很多方法可以无损地测量冰箱体积的。

方法一：多层CT（电子计算X射线断层扫描技术）切片构图，然后利用电脑进行结构重建，当然就可以很轻松得到容积了。此项技术已经很成熟了，在生物、医学等方面均有很多实用化的例子。但带来的问题是，这需要大型设备的支持，还有多层CT其实仍然是一个无限细分逼近的方法，如果想钻牛角尖的话，只要咬定没照到的层面形状怪异也就很有无谓的杀伤力了。把这种方法映射到数学上去，就会有一个响亮的名字，叫做蒙特卡罗模拟。

方法二：气体扩散门缝注入一定体积的纯惰性气体，等待几分钟待完全扩散以后再从冰箱内抽出一定体积的气体。然后只需要看该惰性气体在抽出部分中所占的浓度就可以推算出来冰箱容积了。问题有：(1)惰性气体不易提纯不易测量浓度。解决方法是将冰箱置于氮气环境中，然后可以采用任意气体测量。(2)注入气体分子会吸附在冰箱内壁等物体上。解决方法是先注入大量该气体，让固体表面预吸附。如果冰箱原配吸附剂的话，认栽吧。(3)注入和抽出气体难以操作。解决方法可以利用针头从门缝探入。

方法三：气体称重其实还是利用气体的无形态特性。从冰箱门缝接入两根管，从一根管注入大量气体1，达到排空腔体内原有气体的意图。然后拔掉出气管继续注入气体1直到气压达到一定值(例如1.5倍标准大气压)，称重之。然后采用气体2重复上面过程，最后利用两重情况下称重的差值计算出冰箱容积。

其实容积问题归根到底就是如何测量不规则容器体积的问题，最有效的方法无非填充体积和借助成像两种。具体手段则可以是多种多样的了。

当然，只要是通过实验手段，误差都是难免的。既然反正都有误差，就不如去找来冰箱的说明书来的轻松加愉快了。

点评：CT扫描、气体扩散、加压称重，给出了三种方法。CT扫描要求多方位拍照，冰箱的材料是否适合？图像重构出来的尺寸精度是否合适(毕竟测量人体样品时不需要非常精确的大小数据)？在密封性有保证并且注入的异种气体总量精密可控的情况下，气体扩散是个好主意。加压称重可能有点强冰箱所难了，冰箱门压力很大。

尾声：

B

没想到一个小小的冰箱问题竟然可以有这么多解决方案，甚至还穿越到了沙漠里去。Dr.Who弱弱地想，想知道能关进大象的冰箱需要多大的容积，其实只要量量大象的体积就够了……

辣椒辣手

引子：

这个故事要从Dr. Who号称“怕不辣”的新室友说起。

Dr. Who千不该，万不该，不该去厨房帮忙切辣椒。刚开始还没事，切了一盘之后觉得手上火辣辣地痛起来，赶紧冲凉水，急得跳脚的时候室友还在旁边火上浇油：“爪子了，爪子了，你吃不得海椒嗦，娃儿瓜兮兮的，砸过上手嘛！”（四川方言，大致意思为：怎么了，怎么了，你不能吃辣椒啊？傻小子，干嘛用手去抓啊。）

冲了半天的凉水，好容易才不那么痛了，手上还是红通通的。

吃饭，看电视，手不痛了……

临睡前摘隐形眼镜，一声惨叫，绕梁三日……

泪眼汪汪的Dr. Who问：

为什么切辣椒会辣到手，切水果却不会甜到手或者酸到手？（Robot）

B

小贴士1：剥蒜也会辣到手。

小贴士2：根据美国国家地理的调查，世上最辣的辣椒是来自智利，号称“地狱之火”的指天椒。所有的“辣不怕”、“不怕辣”、“怕不辣”，都被它统统拿下。

“AGCT”的热闹答案

因为我从小成长在几乎滴辣不沾的江南水乡，对于切辣椒会辣手的事情我是一点经验也没有，以致第一次对这个问题产生兴趣是在攻读硕士研究生学位时的一次课堂上。老师说感受辣的受体蛋白已经被找到，而且发现这种受体对热的刺激也会有反应。我脑中立刻“闪光”，终于把我男朋友超级怕辣的同时又超级怕烫的原因联系起来了，第一次对不是自己专业领域的科学问题产生了极大的兴趣。回去立刻找到男朋友，逼着他述说吃辣和碰热水以后的痛感是否相同，差点就要给他灌辣椒了。于是今天看到这个问题，虽然事情已经过去几年了，但还是觉得很好玩，那么就拿我自己不全面的知识尝试着给大家解释一下吧。

首先，为什么辣椒会辣手而水果不会甜手？

辣椒产生辣味和水果的甜味原因不完全相同，这里必须要解释“受体”这一个概念。受体在细胞生物学中是一个很泛的概念，意指任何能够同激素、神经递质、药物或细胞内的信号分子结合并能引起细胞功能变化的生物大分子。通俗点说，其实细胞里面存在着大量的“通讯”，这些“通讯”掌管着生命的许多过程和行为。配体就相当于信号，受体就相当于接收器，这个接收器的天线分布在哪里，就决定了哪里的细胞会产生下面所述的一系列反应。说回到辣椒和水果，辣椒的信号叫辣椒素，而水果的信号是糖。接收辣椒素的受体叫VR1，广泛分布于背根神经节、三叉神经节和迷走神经节中的中等和小型神经元上，在全身都有分布。而感受糖的甜味受体TIR2、TIR3主要分布在舌头味蕾细胞中，所以为什么水果不会甜手而辣椒会辣手了。多说一句，如果通过转基因等一些操作将受体蛋白的基因敲除的话，很可能有再多的“信号”也不会被感受到了，据说将TIR2、TIR3敲除的小鼠就活在“无甜”的世界里。

其次，辣椒是如何辣手的呢？

当辣椒素接触到VR1后，VR1就开始忙碌了，它激活了与其直接偶联的膜离子通道。这是一个相对非特异性的阳离子通道。“通道”大家可以理解为接到暗号以后的守卫把城门打开了，然后运粮食的进来，派兵打仗的也出去了。通道开放后主要是钙离子(也有钠离子)进入细胞内，钾离子离开细胞，一些氯离子也相应进入细胞内平衡电荷。VR1激活后引起的细胞内钙浓度升高的幅度和速度相似，但钙离子恢复到静息时的水平却要慢得多，这也许就是为什么很快就会感觉到辣，而辣的感觉消失却往往需要几十分钟的原因吧。然后钙的升高会引起神经元及其纤维释放神经肽，如P物质、神经激肽A、降钙素基因相关肽、血管活性肠肽和兴奋性氨基酸（如谷氨酸、天门冬氨酸），反正就是又一堆“信号”啦！再下去就是神经系统的事情了，我就不现学现卖了。

再次，为什么怕辣也会怕热呢？(有关这个问题的回答是我自己臆断的)

VR1是一种多型信号探测器及多种疼痛刺激的整合器，也就是说它是个“花心的汉子”，“他”可以和氢离子、大于43摄氏度的热度、酸(pH≤5.9)来点“暧昧”，产生点火花。因此有人认为VR1是化学、物理性刺激致痛的分子综合体，也有实验结果不支持这一说。这些刺激可共同调节VR1的活性，目前尚不清楚VR1是如何探测或整合这些不同刺激的。不过我觉得如果有些人的受体特别灵敏的话，那么也许他会很怕辣的同时也很怕烫吧，呵呵。

最后说说，辣椒素为什么还能用来治疗疼痛呢。

VR1分布的神经元与痛觉的传递关系紧密，敲除掉VR1的小鼠确实不怕辣了，对温度也不敏感了，但是初级感觉神经细胞对伤害刺激引发的反应严重削弱了，这说明VR1及其内源性配体可能从外周到中枢的多个水平上参与急性病理性疼痛的产生过程。那么人们又是如何利用它的呢？通俗点说，就是让神经不断接受痛的刺激，而到一定程度了就逐渐失去了对痛的感知，就不会痛了。也许就和《狼来了》的故事有点像，首先初始小剂量给药，小破孩儿第一次喊了“狼来了”，发现引来了大家的强烈响应，然后连续给药的过程就是他没事就喊“狼来了”，于是上当了几次以后人们就开始不信任这个信息了。这个过程中神经元变得迟钝，对辣椒素及其他一些伤害性致痛刺激元反应性降低，即产生脱敏作用。最后当“狼”真的来了的时候，再喊“狼来了”也没有用了。目前辣椒素制成的霜剂表面涂抹治疗皮肤疼痛、搔痒，如带状疱疹后遗神经痛、糖尿病性神经痛、三叉神经痛等，疗效乐观。

尾声：

Dr. Who很感谢AGCT在实验室忙碌间隙中写这个答案。

（呃，真是没话找话……）

C 野外

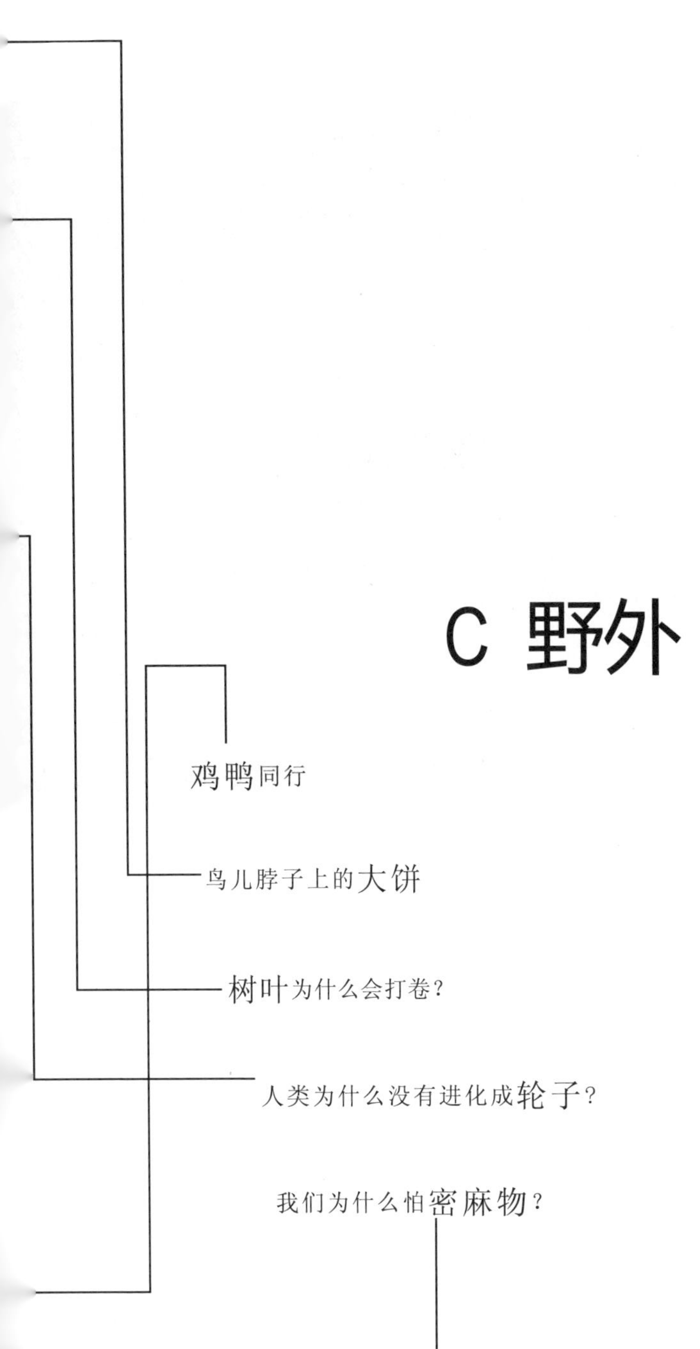

C

鸡鸭同行

引子：

Dr.Who：开会了，开会了……

众人一哄而散，只剩下几个跑得慢的同学不幸被抓住。

Dr.Who：嗯，我们继续进行“鸡”的讨论，今天的话题是：“为什么小鸡走路要伸缩头，小鸭、小鹅走路却是左右晃呢？”大家不要抢话筒，轮流发言啊。

小姬：我知道我知道，因为鸭比较胖，所谓“尾大不掉”是也。

Dr.Who：牵强。

小蓟：我觉得跟小鸭、小鹅脚上的蹼有关系，具体什么关系嘛，还有待研究。

Dr. Who：勉强。

小机：难道不是因为小鸡的嘴尖尖，小鸭的嘴扁扁吗？

Dr.Who：把这个胡说八道的家伙拉下去、断电源！

小机：救命啊，yami……

yami：这个嘛，其实呢我跟家禽界不是很熟，我们还是去问问Dr.You吧！

我知道，此时，在加利福尼亚州的阳光海岸，有一位松鼠正在海滩上观察海鸥；在纽约的水泥森林，有一位松鼠正在阳台上赶鸽子；在已渐渐入秋的新西兰，有一位松鼠正在沙滩上研究天鹅；在春意逐渐弥漫的法国，有一位松鼠正在端详盘中的烤鹅。这个美好的三月里，有许多松鼠会的读者正在电脑前，书桌边，田野里，溪流上，思考行走鸟类为何在“点头”。我们，正与遍布地球的科学家一样，努力理解这个奇妙的世界。

问：

为什么鸡走路的时候头一伸一缩，而鸭或鹅走路的时候却不是这样的呢？（瘦驼）

“儒客小子”的热闹答案

四脚动物站地四平八稳，不用太多考虑行走时的平衡问题，而陆上行走的两足动物，两脚交替前进时，原本支撑重心的两脚短时间内会不可避免地变为唯一一个支撑点，走路时重心失衡如何解决？人、以鸡为代表的有翅膀但走路仍较多的部分飞禽，和以鸭为代表的有脚蹼水禽都痛苦地思考着。

于是人首先走了一步，当迈步时（以右腿为例），身体稍前倾，右腿迈出时，右边重心部分失去支撑，如果保持平衡，一个办法是身体跟随扭动，具体动作要领请参照军训中齐步走时一些同手同脚同学，这个姿势显然不够大方漂亮。人走了这一步后继续思考，直立行走把人的上肢（下肢肯定不行）从行走中解放出来，只能说部分解放，上肢不再支撑重心了，就可以给在解放体力斗争中失败还继续默默支撑身体的下肢做些辅助动作。人迈出左脚，右胳膊伸出以平衡左边重心，两脚和两手交替前进，稳健而又协调，就这样欢快地走了出去。

鸭子是比较懒的动物，水里的生活很惬意，不用费力地支撑那胖胖的身躯。但是上了岸后就不那么舒服了，因为适应划水，脚丫子“穿”了脚蹼，两脚分开距离有点大，迈步时重心失衡严重。可鸭子决定继续懒下去，看人开始走的那步也挺好的，就学上了，走路扭动下屁股也是很性感的。如果后面有人追上来了，咋办？撒脚丫子跑吧，可迈步快了，身体扭动频率严重跟不上，没办法，只能支开翅膀扑棱了，靠空气动力平衡一下。

鸡是两脚动物中的贵族，一直抬着那高傲的头，鸡也在思考，重心在迈步时失衡是由于重心落在两边的腿上，如果两边支撑点向中心线靠拢了不就解决了嘛！对，两脚走直线，从此“猫步”发明出来了，鸡一直想给自己正名，人类模特走的两脚交叉直线不关四脚猫什么事，这是后话。可鸡脚较小，走直线时重心前后移动不稳定，一不小心就来个鸡吃米，鸡尾巴配重太轻，那就劳累下那高傲的头了，走路时头有节奏地前后伸缩。别说，比以前还更精神了，雄赳赳、气昂昂，走自己的路，让鸭子羡慕去吧。

小贴士：鸽子走路也是伸缩头哦。

From "Fujia" + "八爪鱼" + "Seren"

小鸡、鸽子，甚至一些会游泳的鸭子，走路的时候为什么要点头？有人说是为了保持身体平衡；有人说是为了使看东西更仔细；有人说是进化里的最优解；有人说是本性难移。后来又有人开始吵，Dr. You是不是有科学性，思考科学问题思路重要，还是方向重要……一时间，众说纷纭。

春风已欣欣然地吹绿了一河水。在每个阳光明媚的清晨，我都抱着论文资料去遍开黄水仙的河边喂鸭子。当各种五颜六色的鸭子(也可能不是鸭子)，头一点一点或一点不点地围在我身边啄面包时，我猜是不是也曾有人，也从喂鸭子开始做科学。

于是当我看到莱因霍尔德·奈克教授(Prof. Dr. Reinhold Necker)，一位非常有爱的大胡子德国爷爷在2007年发表的综述论文时，忍不住莞尔，小鸡小鸭也有大科学。奈克爷爷也许天生就是研究脖子的(necker)，他甚至还写了篇精彩纷呈的科普文章，告诉我们这个“点头Yes摇头No”的故事。

小鸟走路真的在“点头”吗？答案是否定的。

1930年，中子刚被发现，中微子与暗物质的假说刚被提出，美国约翰霍·普金斯大学(The Johns Hopkins University)的生物学家奈特·邓拉普(Knight Dunlap)和莫勒(O.H.Mowrer)却在喂鸽子。他们找了个房间，在房间的一头放了些食物，然后在另一头放出鸽子，让其去追寻食物，同时用一个简陋得甚至不如现今许多手机内配置的相机，拍摄了鸽子们的行走图片（图3-1）。邓普拉老师和莫勒老师，通过这个简单无比的实验与模糊不清的照片告诉我们，鸽子走路时，头部并不是有规律地前后移动，而是一直在往前伸。在行走时，鸽子脖子往前一顶，头先行。然后，头部静止在先前位置，等待着身体和脚跟进。但是因为身子往前移，头对身体的相对位置挪后，造成了先往前点头，再向后缩脖子的假象。

图3-1

为什么鸽子走路不能如天鹅一般优雅娴静，而非得一顿一顿吃力地伸脖子？这两位生物学家提出了个假想：在等待身体跟进的阶段，暂时静止的头部有利于鸽子获得稳定的视野，使鸽子能看清周围的事物。可是，他们并没有给出证据。四十多年间，像我们今天的读者一样，科学家们为这个问题深深困扰，各自提出了不同的假设。

大体来说，江湖上对此现象的看法大致分为三大门派：平衡说、运动说和视觉说。平衡说的大侠们认为是由于身体速度的变化，刺激内耳里面控制平衡的前庭器官，造成点头；运动说的高手们则强调小鸟行走时一举翅一投足，都可能造成脖子和脑袋的肌肉自然反射，所以头部也会不断运动；视觉说的好汉自然高举邓老师和莫老师的“大旗”，把“点头摇头，看得清楚才是好头”的理论发扬光大。

大家一吵就是45年，小鸡和鸽子依然还在一顿一顿地走路。嗷嗷待哺的婴儿变为哺育后代的母亲，活泼的少女成为老妪，意气风发的青年已被生活磨砺为沉默的老者，而这个问题始终悬而未决，谁都不知道答案。

在1975年的《自然》(*Nature*)杂志上，马克•弗莱得曼(Mark B. Friedman)教授发表了一篇论文，有力地支持了“视觉系”。从苏格兰的爱丁堡大学(University of Edinburgh)到美国的卡内基-梅隆大学(Carnegie-Mellon University)，弗老师一直在研究视觉控制的问题，可说是视觉派里的大牛。

弗老师设计了一组精妙的实验。他首先单挑平衡派，设计了一个四面封闭的箱子，将鸽子放置其中，推着箱子模仿鸽子的步行速度前进。此时，静坐在箱子中的鸽子没有迈步，不存在行走时的肌肉骨骼运动；鸽子与笼子一起被推行，鸽子也看不到周围环境有任何变化，即没有视觉上的刺激。但由于鸽子被推动了，速度的变化足以造成前庭器官的反应。而这只鸽子纹丝不动，完全没有点头的意思(图3-2)。由此证明，前庭系统不足以引发鸽子点头。

a

图3-2

平衡派被放倒，弗老师接下来锁定了运动派。他在箱子底部开洞，将其置于一个轻巧的滑板上，鸽子站在箱底的洞里，滑板之上。当鸽子在箱子中自由前进时，滑板自动往后滑，造成箱子与鸽子的相对位置不变。此时，虽然鸽子在走路，但它看到的世界(箱子)没有任何区别(图3-3)。走路的鸽子，居然，不伸脖子了！

b

图3-3

接下来，他把有破洞的箱子重新放到一个固定的台子上，鸽子依然站在洞里，弗老师自己来推着箱子缓慢运动。这时台上的鸽子没有行走，但它眼前的世界(箱子)却在弗老师的推动之下发生变化(图3-4)。此时，不走路的鸽子，脑袋居然又开始动了！弗老师发现，当箱子推动距离在20厘米以上，鸽子

c

图3-4

的头就会往前伸一些。在推动箱子的过程中，鸽子头部会时不时地动一下。

弗老师大展拳脚，给出了视觉派翘首以待的漂亮结论：平衡和行走不足以让鸽子点头，而鸽子“点头”与保持视野稳定有很大关系。此实验结论自“出山”以来，30多年来无人得以推翻。这样具有想象力且严谨论证的实验，如今读来依然让人拍案称绝。

在做上述实验的同时，冰天雪地的加拿大皇后大学(Queen’s University)里，弗罗斯特教授(B. J. Frost)也在做着同样的事情。也许这位弗老师二号喜欢健身保持身材，他很有创意地把鸽子放上了跑步机。相同的结论诞生了。当跑步机轨带往后退的速度与鸽子走路速度一定时，鸽子虽然在迈步，但相对于周围环境却没有改变位置，此时，鸽子的头部并不移动。

弗老师二号还在他发表于1978年的论文中描述了一个乌龙实验。某次实验结束后，他突然发现“正襟危立”在跑步机上的鸽子脖子不断地往前伸，直到最后失去平衡，“啪”一声摔倒在跑步机上。

弗老师二号很是惊奇：难道鸽子走路多了，连神经都被影响了？为了不背负上虐待动物的罪名，他遍查原因，最后突然发现，是自己忘了关掉跑步机，轨带依然在以十分缓慢的速度移动。由于速度不足以促使鸽子行走，为了保持视野的稳定，鸽子头部不移动，身体随着跑步机往后运动，脖子只得越伸越长，直到狼狈地摔个“鸽啃屎”。

沐浴在河边宜人的阳光下，冷不丁读到这么一段，我忍不住爆笑。身边正安静觅食的鸭子们惊起，点着头或展起翅膀跳入河里，打散了河面上的粼粼树影。

光阴的故事进入了21世纪。日本东京大学(The University of Tokyo)的藤田同学(Masaki Fujita)在研究，为什么鸽子走路时，伸头与伸脚是几乎同时发生的？

日本人做事就是认真。为了找出鸽子重心的位置所在，他捉了7只鸽子，每只都用绳子吊起来14次(7的倍数是不是他的幸运数字？)，用相机记录并计算出了鸽子的平均重心，眼部到胸部的距离，合起时翅膀的长度，等等。然后用一高速索尼相机(科技终于进步了)，记录了鸽子行走的步骤，再计算出其头部、脚部与重心运动的时间差。

他得到了鸽子运动的详细过程。当鸽子抬起后脚往前走，重心随着身体紧跟着前移。脖子前伸，短暂停顿后，后脚着地，变为前脚，脖子缩短，继续短暂静止。随后原为前脚的后脚起，身体重心紧跟着前行，重复以上步骤。无论头部与脚如何移动，鸽子的重心相对于身体基本不偏移（见下页图3-5）。

藤田同学在2002年发表的论文广而告之鸽子：头部的伸长与重心移动无关，仅用以影响视觉，但视觉的变化对于运动时控制身体的平衡有很大作用。这个结论极好地呼应了30多年

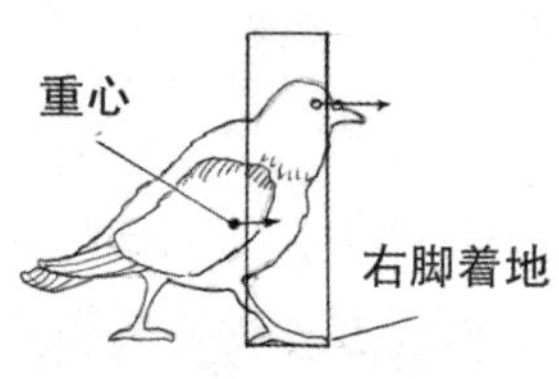

（a）眼睛前冲阶段

（b）眼睛稳定阶段

（c）眼睛稳定阶段

（d）眼睛前冲阶段

图3-5

前，两位弗老师对于视野、平衡与鸽子“点头”之间的充分必要条件的分析。

似乎鸟类因视力而点头的现象自此变得越来越清晰，点头的故事，看似就如此走到了尾声。实际上，这个故事正等待着续上浓墨重彩的又一章。

弗老师雄辩的实验研究，将其后大量此类研究的方向指向了视觉因素。随着科学家们对鸟类研究的愈加深入，鸟类视觉系统的机制也渐渐变得清晰：视动反馈、视网膜感光细胞分布、视神经传导通路、中枢视动信号处理机制……种种发现，似乎让鸟儿点头现象的机理变得越来越清晰。

而事实上，有关鸟儿点头问题的研究却正愈发地纠结迷离。

尽管在弗老师的研究中，平衡派与运动派已经被否定了，工作于加拿大萨斯喀彻温大学(University of Saskatchewan)的科学家缪尔(Gillian D. Muir)却并没有因此而放弃对步态和点头现象之联系的探索。他另辟蹊径，从点头现象的生理发展入手，对视觉派后人的理论形成了猛烈冲击。2005年他发表的实验结果表明，在雏鸟步态发育时，如果剥夺其某种决定性的视动反馈能力，点头受到的影响并不大；而如果雏鸟步态受到限制，功能发育不够完善，成鸟的步伐变小，脖子伸缩幅度则会随之降低。

藤田同学也在2004年更进一步证明了，步伐大的鸟类，伸脖子的幅度也远比步伐小的鸟类要大。尽管他们的研究多少显得局限甚至片面，但不争的事实暗示我们，这个问题的答案并不只是视觉，而且视觉因素在鸟儿点头现象中的地位还需要重新评估。

同时，尽管生物力学因素被证明和鸟类点头现象无直接关联，但其对“点头”机制的形成，以及在成鸟“点头”中发挥的作用，却得到越来越多的注意。

答案变得越来越扑朔迷离。德国大胡子奈克爷爷在2007年的综述里说：“尽管头脚的合作不是维持平衡的必需条件，但的确让鸟走得更稳；尽管视觉似乎是点头作用的主要方面，但至今仍然没有清晰的理论，来为我们确切解释鸟类点头的作用。”

不是尾声的尾声：

故事还远远没有结束。

世界各地许许多多科学家，带着不同肤色，说着不同语言，用着不同鸟类，继续勤奋地探索这个问题的所有未知。种种看似矛盾冲突的结论，广泛分布于科学家所研究的多达300多种鸟类之中。

此起彼伏的各类假说似乎预示着，这个现象的研究仍然会继续下去。

为此项研究所辛劳的，有无数的硕士、博士、研究员、教授；有他们背后所有默默或不默默支持的朋友家人，以及300多种的鸟类；更有在数十年间对这项研究不吝投入的支持科学探索的纳税人和政府。

我试着抛了颗果仁给水里一只点头的鸭子。这只红嘴的小黑鸭开心地咬着，嘴里咯嘣咯嘣地响。

Dr. Who借用三位作者的话：亲爱的朋友，在追求真理的路途上，我们永不孤独，但更愿有你的陪伴。

鸟儿脖子上的大饼

C

引子：

《上学歌》

“太阳当空照，花儿对我笑，小鸟说早早早，你为什么背上小书包？我要上学校，天天不迟到，爱学习爱劳动，长大要为人民立功劳。”

我相信这首伴随很多人长大的儿歌，绝大多数人都能唱出来，但是没有几个人能唱出原词，原因你懂的。大家都会唱的那个版本表达了对学校的愤怒之后，什么也没有被炸飞，还是要老老实实上学，因为长大要谋生，学习少不了。

鸟儿似乎也必须很勤劳地四处奔波，可是……

问：

鸟儿既能吃虫，又能吃植物果实，但为什么很少有鸟类以树叶为食呢？如果鸟儿能吃叶子，就简直像脖子上挂着葱油饼一样，完全没有食物压力了。

“aqdd”的热闹答案

我是一只小小小小鸟，准确地说，我是一只小麻雀，是人类最常见到的鸟类之一。别看我们个头小，食量却很大，一生中除了睡觉和繁殖，剩余的时间全部用来寻找和捕捉食物。为了填饱肚子我们既吃虫子又吃谷子，有时还吃些果子来换换口味，虽说很辛苦，但祖祖辈辈都是这样过来的，所以从来也没有觉得这样有什么不好。直到有天一个叫Dr. Who的人问我：为什么不学长颈鹿去吃树叶，这样你们就有了吃不完的食物了，再不用每日奔波劳碌为辛苦觅食发愁了。听了他的话我陷入深深的思考，最终决定亲自去试一下。

我飞到一根树枝上对着一片树叶啄啊啄，啄了半天只把树叶啄出一个洞，却怎么也不能把树叶吃到嘴里，这真是太令人沮丧了。作为一只勇于尝试、善于思考的鸟，我准备去观察和学习一下其他以树叶和草为食的动物是怎么进食的。

于是我先飞到一只长颈鹿的头上，看见它的长舌头一卷便把一簇树叶从树枝上捋了下来，卷到嘴里嚼啊嚼。我又飞到一只山羊的背上，看见它用一排平整的牙齿一咬就齐刷刷地把草切断，然后有滋有味地咀嚼起来。我来到一个池塘边，看着水面上自己的倒影沉思了半天，终于明白我们鸟儿为什么不能吃树叶了。

我们鸟类的嘴由上下两个尖尖的角质物组成，人们称之为鸟喙。鸟喙不像草食性哺乳动物的口腔那样，前面长有一排平而薄的切齿，可以轻松地切断树叶或草叶；而且两边也没有宽而厚的臼齿和可以左右错动的下颚，用来慢慢咀嚼研磨嘴里的树叶；当然我们也没有柔软并且可以卷曲的舌头用来卷住树叶。鸟喙的这些“缺点”注定我们无法吃到树叶而只能以昆虫和种子、果实为食，但我作为一只新时代下成长起来的鸟儿，却从不为此而悲观，因为凡事都有两面性——我们那尖而有力、硬邦邦的喙也有着其他动物无法比拟的优势。

首先，我们的喙尖而长，可以像镊子那样轻而易举地从空中、草丛中、树洞中、虫茧中，甚至动物的毛发中夹出小虫子，有些专门食肉的大鸟的喙还呈现出向下弯曲的钩子形状，可以将肉从猎物身上撕扯下来。厉害吧！

其次，我们的喙还尖而硬，可以像凿子那样轻易地刺穿撕裂果实的外皮，啄食里面甜美多汁的果肉，一些比我体形更小巧的鸟儿甚至可以把长长的喙插入花心吸食花蜜。我们麻雀的喙不长不短正合适，不但可以捉虫子、吃果子，还可以啄食谷类作物的种子，小小的种子正适合我们口腔的大小，一口一粒，不用咀嚼直接吞咽，真是过瘾！不过我们也曾因此一度被列为“四害”之一而到处被驱赶追杀。唉！自私的人们啊。

另外，鸟儿的喙也是相当灵巧的，我们除了用它吃饭喝水、唱歌求偶，还用它来挠痒痒、梳理羽毛，我们甚至用它建造起了连人类建筑师都争相模仿的“鸟巢”。

你们看，我们鸟类的喙是多么神奇且实用啊！

作为一只史上最有思想的鸟儿，我要这样回答Dr. Who：动物们吃什么食物完全是因为它们长着什么样的嘴，我们的喙不适合去咀嚼树叶。但同样，作为史上最有思想的鸟儿我又不能这样肤浅表象地回答这个问题，因为从动物个体来看，是它们的嘴决定了能吃的食物类型；但从动物进化发展的角度去看，反而是需要吃的食物决定了它们的嘴进化生长的类型。这就产生了一个新的疑问：鸟儿为什么吃虫子和果实而不吃树叶呢？

对于恒温动物来说，维持体温和肌肉运动是能量消耗的两大主因。当人类体温达到40摄氏度时一定要去找医生治病，但我们鸟类，特别是像麻雀这样的小型鸟类正常情况下体温也都在40摄氏度以上。具体我们的体温为什么这么高，这个问题比较复杂，我们在这里就不多说了，有兴趣的话可以去看看科学松鼠会群博上发表过的一篇文章《万物兴歇——衰老与寿命的演化》。有这么高的体温，而且体形又那么小，我们的体温很容易散失，再加上高强度的飞翔运动使我们需要有大量的能量摄入才能维持体温和提供运动所需的能量，如果完全依靠吃树叶这种能量密度很低的食物为生，那就算吃到把自己的肚子撑爆也不足以提供足够多的能量来维持生命，况且食物吃太多会增加体重，这样的话也不利于飞行，反而会加重能量消耗的速度。因此，鸟儿就不得不依靠吃那些能量密度很高的食物来补给能量消耗，而高蛋白含量的虫蛹、高含糖量的浆果、高淀粉含量的谷子就是这样的理想食物。我们也为最大限度获取和利用这些食物，进化出了相适应的鸟喙和肠胃。

繁衍存活至今的所有生物，都是冰冷残酷的生物进化角逐赛中的佼佼者，亿万年来我们不断适应气候的改变、天敌以及食物的种类的变化，为此进化(有时也会退化，但退化的本质也是另一种形式的进化)出了不同的嘴、不同的胃、不同的眼睛、不同的腿……各有各的本领，各有各的食物。我们身体的每一种特性都是为了适应环境，取得最大化的繁衍优势，无论是雄螳螂的自我牺牲还是老鼠们的计划生育，或是我们鸟儿那不能实现的脖子上挂大饼的梦想，一切都是如此和谐，一切都是如此完美。

记住，我是一只小小小小鸟，一只有史以来最有思想的小麻雀。

From “红色皇后”

树上的鸟儿成双对啊，请问你为啥不吃叶？杂食或食肉动物改行吃素，并不是史无前例，大熊猫就是一个。离我们更近的例子也有，1971年，以色列科学家内沃(Eviatar

Nevo）在南斯拉夫的一个小岛抓了五对意大利壁蜥（*Podarcis sicula*），把它们放到另一个小岛上去。2004年，科学家们光顾小岛时，发现这些蜥蜴发生了令人吃惊的变化。原先它们的食物中90%都是虫子，现在它们夏天的食谱中，61%都是植物。它们的小肠和大肠之间，出现了一个特殊的器官，称为“盲肠瓣”，里面寄居着可以分解植物纤维的线虫。短短33年，蜥蜴就从非肉不饱转化为荤素兼收。

这世界到处都是花草树木，一张口就有得吃，看来吃叶子真是件好事啊。既然蜥蜴可以改口，为什么小麻雀不吃叶子呢？说起来，植物叶子一点都不好吃。它们含有大量水分和纤维素，既坚韧又没营养。吃植物的动物必须进化出一系列的特征来攻克难关。

以牛为例，它有磨盘状的牙齿以利咀嚼，还有极端巨大且复杂的消化器官。它的胃有4个胃室，其中最大的瘤胃可容纳40升草料，肠子长达57米！除此以外，牛还让细菌及原生生物进驻瘤胃内，让它们协助分解纤维素。

即使有这么强劲的消化系统，奶牛一天

还是要花6小时来进食，靠多吃来弥补食物缺乏营养的缺陷，为了帮助消化，吃下去的东西还要吐出来再次咀嚼，称为“反刍”。

吃叶子的利益巨大，但是，为吃叶子付出的代价同样巨大……

虽然叶子是蛰于口而惨于腹，小麻雀不吃，但还是有鸟攻破了这一难关，亚马逊雨林里的麝雉(*Opisthocomus hoazin*)就是其中代表者。

麝雉的食物81%都是树叶，它的嗉囊容积巨大，内含分解纤维素的细菌，并有强壮的肌肉供磨碎树叶之用。一般飞鸟都有可观的“胸襟”——高高凸起的胸骨(称为“龙骨突”)和大量强健肌肉，作为飞行的有力“发动机”。麝雉庞大沉重的嗉囊，占据了龙骨突和胸肌的空间，再加上装满食物的嗉囊本身就是重负，这种鸟相当不善飞行，跟身姿矫健的麻雀、燕子、老鹰截然两判。

吃虫子、谷子、肉类、花蜜的鸟儿，因为食物更易消化和富于营养，胃肠的结构远比麝雉简单，飞行的负担减轻，消化速度也大大提高——蜂鸟从进食到排泄，只需一个多小时。一方面进得快出得也快，鸟儿可以随时“卸货”以减轻负担；另一方面，营养食物和快速消化提供的大量能量，也更能满足消耗极大的飞行要求。

吃虫子的鸟要比吃树叶的鸟更适合于飞行。不过，对麝雉来说飞得快没多大意义，它们的食物就在嘴边，吃虫子的鸟才必须“上下而求索”。

当我们说起“鸟”这个词，大多数人眼前浮现出的是身姿轻盈、飞行矫健、爱吃虫子的形象，实际上，善飞和吃虫子是相辅相成的。营养丰富的虫子满足了鸟儿飞行的能量所需，飞行又为寻找虫子提供了可能，小小鸟要飞得更高，吃虫子就是比叶子更好的选择。

尾声：

看完文章，Dr.Who恍然记起小时候家里养的母鸡很爱吃树叶。难道这才是它们不能拥有飞行能力的真正原因吗？

树叶为什么会打卷？

引子：

Dr. You小时候上学时，冬天一定逃不过在学校收拾那些树叶，刚一转身，就看见一片叶子飘啊飘落在了刚刚打扫好的空地上。

问：

Dr.Who从小就富有科学精神，发现了一个问题：冬天树叶为什么会自己打卷儿？Dr.Who纳闷的还有一点：为什么有些树叶不打卷呢？

卷还是不卷，看来还真是个问题呢。

“hbchendl”的热闹答案

“落叶不是无情物，化作春泥更护花。”这样说似乎也没错，树叶来自土壤，枯萎后又回归土壤。

树叶为什么会打卷？

准确地说，许多阔叶树的树叶在干枯之后会打卷（虽然也有不卷的）。

当然打卷不都是因为干枯，有些昆虫会把树叶当作自己孩子的摇篮，拿一片树叶吐丝把树叶缝成一个小卷，把卵产在里面。也有一些植物叶片天生打卷，比如卷心菜的菜叶。不过，这些都不在本文讨论范围之内。

其实日常生活中还有一个打卷现象：有些书刊的表面用的是塑封，用一张塑料膜盖在纸面上，过一段时间就会卷起来；而只有一层的纸封面书皮就不容易卷。类比一下我们就很容易猜想到：树叶分层，各层表面的结构不同，导致它们在失水过程中收缩幅度不同，从而打卷了。

典型阔叶树树叶的叶肉结构一般分成两层：上面比较光滑，由密实的栅栏组织细胞所构成；下层多叶脉，由疏松的海绵组织细胞构成（见图3-6）。因为这个差异，绿叶的正面会更翠一点，而反面则有点发白。叶片在干枯的时候会因为失去水分而产生收缩，由于上层细胞较多，当树叶干枯时，上层失水收缩也就比下层严重，所以树叶在干枯时会打卷，而且大都是下层包着上层这样的打卷方式。 此外，树叶从树上掉下来，如果不考虑风的影响，任其自然掉落，大多数是反着掉在地上，这也是树叶内部细胞组织结构造成的，树叶结构上层重、下层轻。

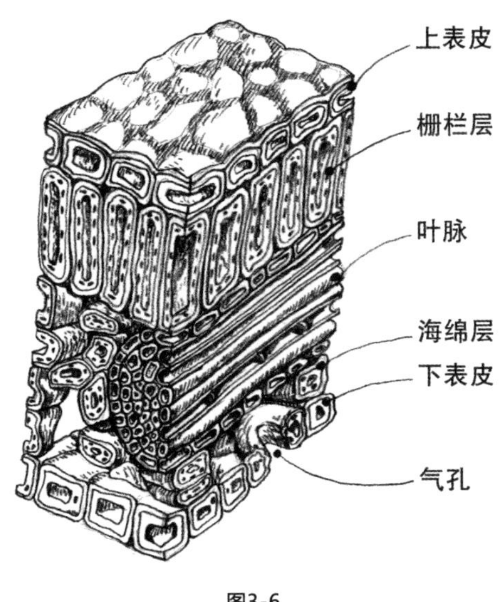

图3-6

不过这只是个猜想，为了验证，我就做个“纸上”模拟实验，来演示一下树叶为什么会卷曲吧。

第一步，取两张不同的纸。这件事好办，我找来一张随处可得的打印纸，还有一张是同样到处都是的报纸——这两种纸

区别大着呢。

第二步，粘贴。拿一盆水来，倒入小半碗稀饭汤。水是用来湿润纸的，稀饭嘛，当糨糊用，用来把两张纸粘在一起。把两种纸各裁成大小相等的小片，浸入糨糊水里面，报纸很快就湿透了，而打印纸则结实得多，好半天都是白白的，没湿透，只好多浸一些时间。

第三步，晾干。好啦，现在可以把纸拿出来了，把两张同样大小的纸拿出来，贴在一起，用夹子夹住一端，挂起来晾干！看纸条会变成什么样子吧。

夏天气温很高，一两个小时之后纸片就完全干了，现在让我们来看看实验结果吧！

不同材质的纸片(一片报纸与一片打印纸)粘贴起来的，它们打卷了！右边两张是相同材质的纸片(报纸与报纸，打印纸与打印纸)粘贴起来的，它们虽然有所弯曲，但弯曲程度明显小于左边的。

纸条的结果让我意外，我以为它会纵向卷成纸卷，结果它却是横向卷成圆棍了。

对比一下，相同材料的纸片依然是直的，而不同材质粘贴的纸片却弯曲了。

再细观察一下，纸张弯曲的方向，都是结实的打印纸在外面，松散的报纸被卷到里面了，说明打印纸湿润后膨胀幅度小，干燥后收缩的程度也小。而报纸则收缩得多一点，所以会向报纸这一侧卷曲。叶片的情况也类似。

由此可以理解，那些会卷的叶子都得有类似的两层结构；如果某些叶片没有这样的两层结构或者区分不明确，那也就卷不起来了。遭受病害的叶片由于结构受损，就可能卷出千奇百怪的样子。

实际上这个双层材料的原理在日常生活中应用很广。比如电路里的温控开关，最土的一种是“双金属片突跳式温控器”，就是把两片热胀冷缩不同的金属贴在一起，温度变化时，二者伸缩程度不一，就会弯曲，从而接通或者断开电路。

自然界当然也明白这个道理，记得开篇说的卷心菜吗？其实那些“自然卷”的植物很多也是运用了这个原理，只不过它们不用等到干枯失水才变形，而是一开始的细胞形态就已经不对称了，一边长得快，一边长得慢。如果我们修改相关的叶片发育基因的表达位置，改变生长速度，就能随心所欲改变叶片形状，想怎么卷就怎么卷。

尾声：

世界很难是平的！

人类为什么没有进化成轮子？

引子：

轮子是多么方便的东西啊！哪吒脚踏风火轮，日行万里，威风凛凛。不是说滚动摩擦小于滑动摩擦吗？像哪吒那样多好啊？可是可是，目前我们，真的只能是想想而已。

问：

为什么数亿年来动物们都没进化出轮子来呢？

“小虎”的热闹答案

如何实现滚动摩擦？

将滑动摩擦变为滚动摩擦有两种方式：一是滚动，整个生物体成球形，如刺猬；二是转动，以轴和轮子支撑其余部分，如汽车。

滚动的实例有蜥蜴、多足虫等。此类动物在转动时可以被看作一个刚体，感觉、运动器官随之旋转，辨别方向、感受加速度比较困难——但神经系统对外界信息的加工很复杂，也许可以解决，这点尚不明朗。控制方向的问题在于，刚体不能自主改变运动方向，必须要有其他的机制，比如说“改变重心”或“伸出脚拨动”等。此外，滚动中的身体器官对重力改变的反应，对滚动中产生的向心加速度的反应，也可能是一个潜在的问题，比如这可能导致静脉回流困难。

转动的实例有：单核生物的鞭毛(鞭毛和细胞不相通，实际上可以看作是两个刚体)。但到了多细胞生物，就产生诸多困难。

1．可行性：轮子与身体是不相通的，否则连通的神经、血管都会拧成麻花。有两种解决办法：(1)任由轮子磨损，能长个新的换掉；(2)通过渗透供给营养，维持轮子的存活。这样就要求轮子极薄(否则营养无法渗入)，而且动力来源独立于轮子。

2．适应性：自然环境复杂多变，山区、湖沼、沙漠、树林……都全无轮子的用武之地。即使在相对理想的草原上，地面也崎岖不平，限制了轮子的速度。此外，轮子容易打滑，这体现在爬坡(包括攀爬)，雨雪天气，沼泽、湿地等低摩擦系数的场地——这事实上是轮子优点的负面效果。

此外，让我们来认真地思考一下，轮子真的省力吗？

减少阻力要求低摩擦系数，然而在爬坡时轮子更容易在重力的影响下打滑，这就像一个硬币的两面。因此生物体要在取舍间达到平衡，轮子的摩擦系数不可能无限降低，相比现有生物的关节摩擦系数(人体骨宽关节在动载荷状态下，摩擦系数在0.01～0.032)来说，未必有优势。生物运动的另一个能量损耗来自肢体频繁的加速、减速和重心的起伏，这两者轮子倒是可以避免。

我设想的可以用于生物身上的轮子大致是这样的——骨骼肌支点在轮子上，肌肉收缩相当于内燃机的活塞运动；像滑雪杖一样，在轮子之外另有驱动系统(可以适用于雪地动物)。高速拐弯时必须倾斜，所以最好是像自行车一样单排双轮。

还有一个差不多的问题是，鱼为什么没有进化出螺旋桨？

Wiki给出的解释是只有雷诺数极低的情况下，螺旋桨才比摆动更高效。水和空气都不符合，只有草履虫的内环境适合螺旋。

尾声：

我们来听听科学编辑Ent的点评——其实这个问题可能是不多的存在“标准答案”的一个问题。标准很简单，首先轮子虽然困难，要克服一系列的障碍，但自然界确实是有轮子的，甚至有轮轴式的轮子，因此仅仅分析轮子从生物学上如何难以实现，是不合格的。其次，轮子之所以不流行，重要原因是没有路，没有适合轮子发威的环境。小虎的答案最为全面，虽然实在太言简意赅了一点点……

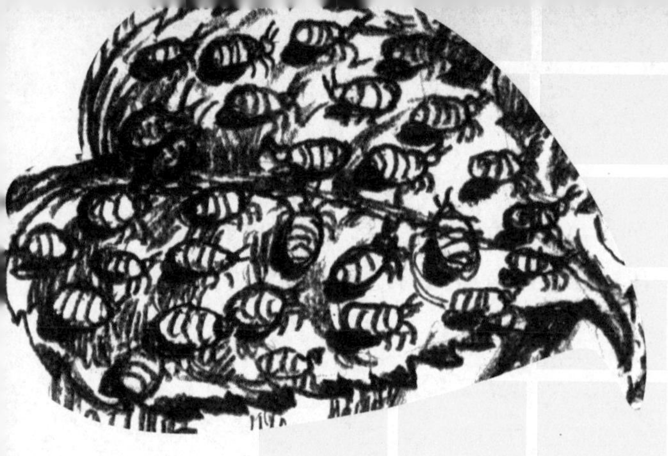

C

我们为什么怕密麻物？

引子：

它们是什么？移动中的蚁群、蜂窝、虫卵、鱼子、瓢虫……或者是网上热传一时的“空手指”、“莲蓬乳”？(Dr.Who在此拒绝贴出图片，因为实在是太害怕了！)这些密密麻麻的诡异图案与一个最近颇为流行的词息息相关：密集物体恐惧症。

问：

为什么有的时候人看到某种密密麻麻、色彩诡异的图案会忽然觉得浑身都特别不舒服，好像全身汗毛都要立起来的样子？（木遥）

From “红色皇后”

啊，“莲蓬乳”，勾起了我“美好”的回忆。很久以前我在网上淘图，偶然发现一疑似人体某部位，还有很多小点点的图片。凑近一看，天啊！最糟糕的是我用的关键字是larvae(幼虫)！于是该图被我果断地判定为，食肉幼虫！后来才知道，这种由看到“莲蓬乳”引发的症状叫密集物体恐惧症。有些人看到密密麻麻排布的细小物体就会害怕，头皮发麻，头晕恶心(这个我倒是没有)。据说有这个症状的人，比恐高的人还要多。常用的解决办法是“系统脱敏法”，简单地说，就是看一大堆密密麻麻物的图片，从不太可怕的到非常可怕的，让你逐渐习惯。好残忍……

理论铺垫：害怕是什么？

恐惧症(phobia)是一种轻微的精神疾患，症状很简单，就是害怕某些东西或情景，即使明知道不会伤害到自己，也要害怕。常见的像恐高症、幽闭恐惧症、社交恐惧症、牙医恐惧症(大约有50%的美国成年人罹患此症)。最欢乐的是还有一种山羊胡子恐惧症(pogonophobia)……

我们为什么要害怕呢？害怕让我们吃不下，睡不着，在女朋友面前丢人。但是你可以想象，如果一只老鼠要是不怕猫，会发生什么事情……话说“海阔凭鱼跃，天高任鸟飞”，进化科学上有一个词，叫做EEA(environment of evolutlonary adaptation，好押韵啊)，意思是“通过进化而适应的环境”。动物害怕的东西，都是在自己的EEA里有害的东西。原因很简单，不知道躲开危险的动物都挂了。例如鹅害怕长型、棕红色、会动的东西，这实际上是对狐狸的恐惧(你用绳拉着一块狐狸皮走一走，也能把鹅吓得要死)。

人类的EEA是非洲的热带草原。我们害怕黑暗、高处、陌生的地方、巨大的响声和突然跳出来的东西，还有蛇。这都是有道理的。在EEA里，如果一个人不怕高，他会爬到20米高的树上，然后拽着树枝荡秋千；如果一个人不怕突然袭击，豹子会跳到他身上。

AK-47绝对要比蛇危险，但非洲草原上没有枪，所以我们没有进化出怕枪的本能。很少有人害怕枪到怕蛇或恐高的程度。小孩子可以把枪拿起来玩，见了蛇却畏首畏尾。

初探：表皮寄生虫。

我们已经知道恐惧既是学习得来，也是进化结果，还知道了恐惧是有益的适应。现在就可以攻克最后一座“碉堡”了——到底为什么会有密集物体恐惧症？

根据上文所述，首先我们可以猜想，密集物体恐惧症也是进化的结果。我们害怕密密麻麻的物体应该和本能有关，因为密密麻麻的物体是有害的，不懂得害怕它的人会受到荼毒。然后，我第一个想到的是表皮寄生虫。寄生在人体表皮的昆虫，我所知道的有两种，一种是南美洲的人肤蝇(*Dermatobia Hominis*)，还有一种是非洲的嗜人瘤蝇(*Cordylobia Anthropophaga*)，两者的幼虫都是我们俗称的“蛆”，一般的蛆只吃腐肉，但这两种蛆会钻进人的皮肤里，啖生肉为生……

哎呀，谈到这个问题，真是让人起鸡皮疙瘩。不过，密集物体恐惧症真是源于对寄生蛆虫的恐惧吗？可能性不大！人肤蝇生活在南美洲，人类的EEA在非洲。嗜人瘤蝇虽然生活在非洲，但它在同一个地方只会下一两个蛆，不会密密麻麻地下一片，患处也只会凸起一小点，不会像“莲蓬乳”这么醒目(人肤蝇也是打一枪换一个地方，而且被它寄生的地方会肿一个大包，更不像“莲蓬乳”)。

第一个假说被抛弃了，算啦。我们换个思路，考虑一下密集物体恐惧症的症状吧。正好，病人我本人在此，可供研究之用，虽然样本小了点。

症状1：体积大、数量少的不怕。引起密集物体恐惧症的首

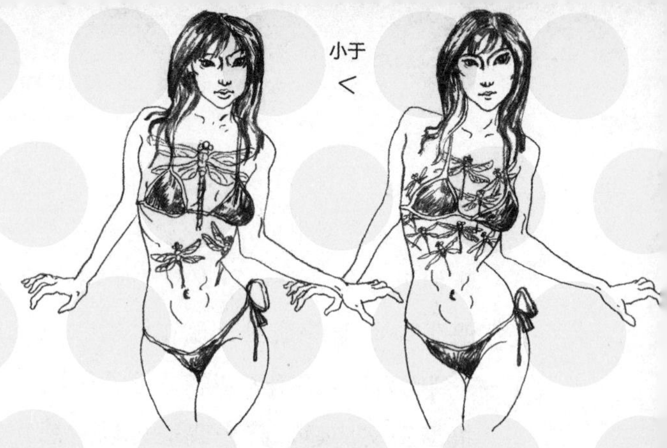

大的、少的效果不及“密集细小”

带尖角的图形效果不如圆点

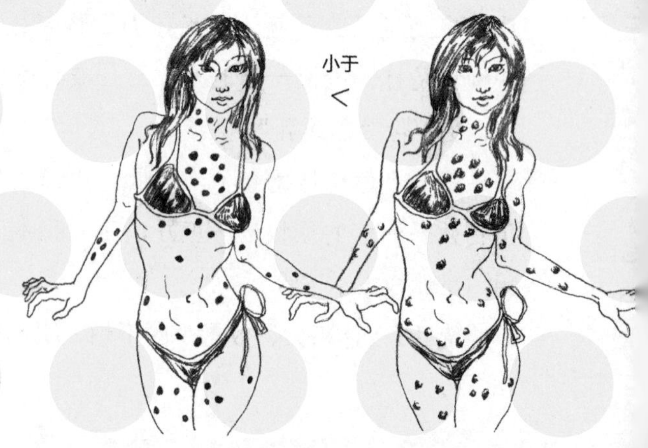

有立体感的要比平面的可怕

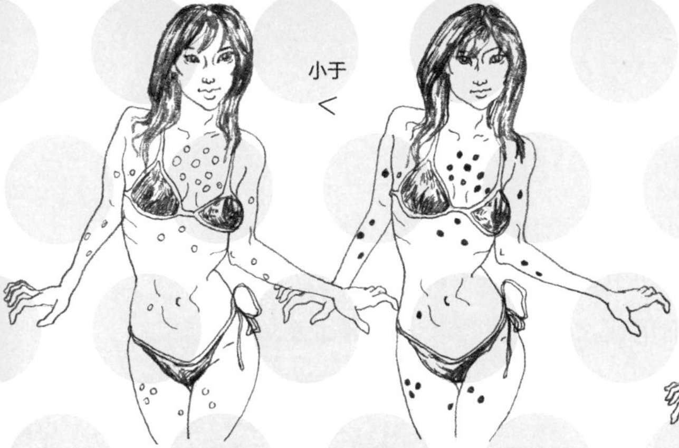

小于

<

与背景对比度强的更可怕

作者认为，最能激发密集物体恐惧症的条件：密集、细小、圆形错落分布，颜色鲜明、有立体感、大小不一。

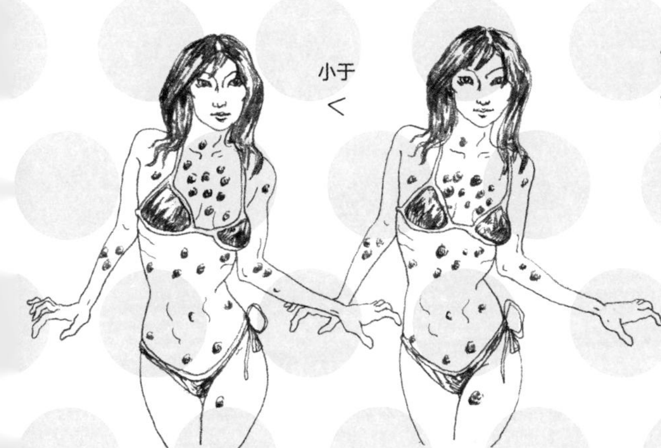

有大有小的比大小一致的可怕

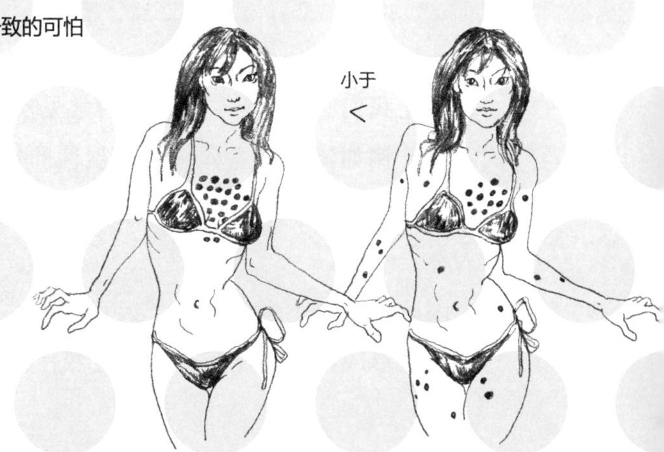

错落散布比挤成一团的可怕

要条件就是密集细小……

症状2：四方带棱的不怕，可怕的是圆点状的。

症状3：错落散布的比挤成一团的可怕。例如蜂窝、鱼卵我就不怕。蛆虫虽然恶心，但不会有“莲蓬乳”那种让人毛骨悚然的感觉。

症状4：与背景对比越鲜明越可怕。

症状5：越有立体感越可怕，凸出的肿包或者凹进的空洞比平面可怕。

症状6：有大有小的比大小一致的可怕(至少我本人是如此)。

综上得到激发密集物体恐惧症的条件：密集、细小、圆形、错落分布、颜色鲜明、有立体感、大小不一。我们现在的任务，就是寻找符合这些条件，同时又存在于EEA中，其危险性值得一怕的东西。

下面我个人提供一些备选答案，不能保证正确，只供大家参考。

嫌疑人1：疾病

首先我们必须了解，EEA中的常见疾病跟现代社会中的疾病不同。例如流感和黑死病这样烈性的传染病，EEA中不能存在。石器时代的人都住得很稀疏，而传染病却要有大规模密集的人群。

因此我依依不舍地告别了天花——世界上最致命的疾病之一，又能形成密集的皮疹，但它是烈性传染病，而且是在农业时代出现的——EEA时代在此之前。

比较有嫌疑的，是那些慢性病，且在EEA稀疏的人群里也可以存在的。皮肤病经常会引起疹子，或者毛囊的红肿，这不就是密集的小点点吗？看到密集小红点或者小白点就头皮发炸，躲着走，就可以避免被传染了。

慢性皮肤病往往伴随瘙痒。虽然这些病本身并不严重，但抓痒会把小病变成大病。抓过痒的手也很容易导致疾病的传染。更糟糕的是抓破皮肤，EEA里可没有抗生素，一旦感染了就很麻烦，甚至可能有生命危险。但痒实在让人难受，不抓不行，这时就需要有更强力的东西——恐惧，来克制抓痒的欲望了，看到那些点点就发抖，看你还抓什么抓？

不过，据说有的密集物体恐惧症患者看到“莲蓬乳”，就想把那些“莲子”一个个抠出来……

嫌疑人2：霉菌

圆点状、色彩鲜明、有立体感、星罗棋布而且大小不一的东西里，有一样是常被我们忽略的，那就是霉菌！至于我们为什么会恐惧霉菌，理由很简单，如果我们对星罗棋布的霉菌看一眼就恶心，就能避免吃进发霉的东西了。

EEA没有冰箱也没有黄连素，识别食物的新鲜程度就非常重要。既然我们已经有嗅觉和味觉把关，来避免吃下腐烂的东西中毒，为什么不在视觉上再加一道关呢？

嫌疑人3：昆虫

“撞乳”之前，我就有过几次密集物体恐惧症发病的经历。一次是看到杨树苗上密密麻麻的蚜虫；一次是看到榆树上密密麻麻的金花虫；一次是看到未知种类植物上密密麻麻的草鞋蚧；还有一次是不知名的虫卵……请注意，这些东西有一个共同点，它们都是“虫”。

有毒的昆虫比如金花虫、大黄蜂、大桦斑蝶，都会以鲜亮颜色作为警告。毒虫还有另一种警告敌人的方法，那就是集群！毛毛虫、瓢虫、金花虫都喜欢扎堆。鲜艳而有毒的红萤甚至会分泌出信息素，催别人赶紧集合过来。这样可以使自己更加醒目，警告效果更佳。

大多数哺乳动物都是色盲，但我们属于旧大陆灵长类动物(生活在亚、欧、非三洲的猿猴类)，能分辨红、绿、蓝三色光。有人认为，色觉能帮助我们和猴子们寻找成熟的果子。所以我们对颜色鲜艳的东西情有独钟：鲜花、华服、彩虹、宝石、向日葵……

这么一来，有毒的昆虫在我们看来很靓丽，数量又大，实在是太有诱惑力了！许多原始部落，都把昆虫当作重要的蛋白质来源，可以想象EEA里的人类也是如此……如果我们对这些密密麻麻、花花绿绿的生物天生就产生恐惧感，就可以省去腹泻和弄一手怪味的麻烦，所以密集物体恐惧症其实是叫我们避开毒虫。不过这也只是一种猜测而已……

在原始社会，采集昆虫等食物的工作一般是由女性担当，也许这可以解释，为什么女人比男人更怕虫……

尾声：

各位有密集物体恐惧症的朋友不妨畅想一下，倘若把那些密集物换作密密麻麻、花花绿绿的钞票呢？

另友情提示一则：没看过“莲蓬乳”图片的人，千万不要去搜！后悔的人千千万万……

来自102012年

D 城市

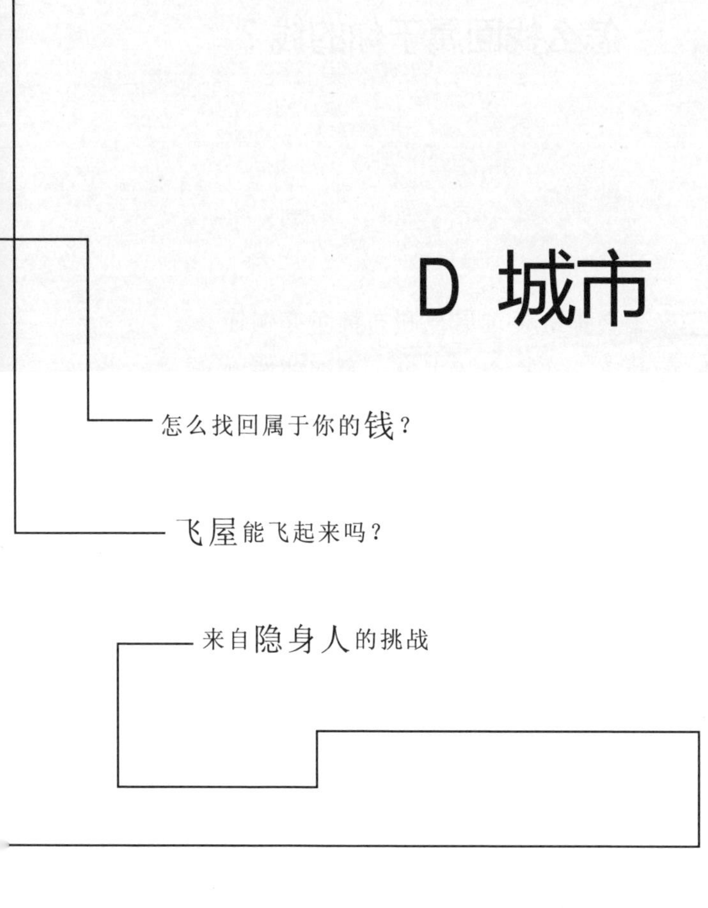

怎么找回属于你的钱？

引子：

大家想必都听说过屠户和布商争夺铜钱的故事。在这个故事里，聪明的法官(分别由曹冲、狄仁杰、包青天、宋慈、海瑞以及各类穿越小说的主角扮演)把铜钱放入水中，根据水面出现的油花判断出铜钱的真正主人。

那么在今天假设Dr. Who只是一位普通的小白领，遭遇扒窃，小偷动作太快，来不及抓住他的“第三只手”，不过还是通过警察揪出了他。

问：

该如何证明小偷裤兜里那几张纸币是属于你的呢？

From “Yuaner”

首先，我不谈预防。如果你要预防钱被小偷偷走，那就每个上都做个记号，或者口袋里装你能说出来源而又很稀少的货币，或者钱里面卷着能证明自己身份的东西，例如名片之类的。如果做预防工作，方法还是有很多的。不过我想，大部分人是不会为了小概率事件做这么详尽的准备的。

其次，我不谈未来。未来的世界里，方法可能会非常多种多样，比如生物芯片植入钱里，比如通过时光隧道回到过去，比如使用读心术，等等。不过这属于科幻，不在我们考虑之内。

再次，我不谈生物。生物方面的技术，比如探测钱上的DNA、气味，以及指纹等都是目前可行的。但是由于货币的流通性，即使钱上有你的痕迹，也很难说明钱就是你自己的，因为可能只是曾经属于

你而已。

那么，如果在现实世界里，钱没做任何记号，在没有什么防备的情况下被小偷偷走了，你抓住了小偷而小偷又死活不承认偷了你的钱，怎么证明钱是你自己的呢？方法有以下几种：

1. 心理战术

偷钱的人一般都会心虚。虽然小偷可以嘴硬不承认，但是心里却是会比较恐慌的。如果这个时候略施小计，小偷很可能会陷入圈套。比如，可以表现出来丢钱后很着急，但不是因为丢现金而着急，而是钱有问题。可以称自己是生物化学实验室的研究员，说那些钱其实是实验品，上面已经沾有致命病毒或者放射性元素，你正匆忙拿往实验室去化验。短时间放在口袋里没问题，但是要一旦用手接触的话就对生命有威胁。偷了你的钱的小偷多半会被吓住，老实交代，求你要解药。类似方法可以举一反三。

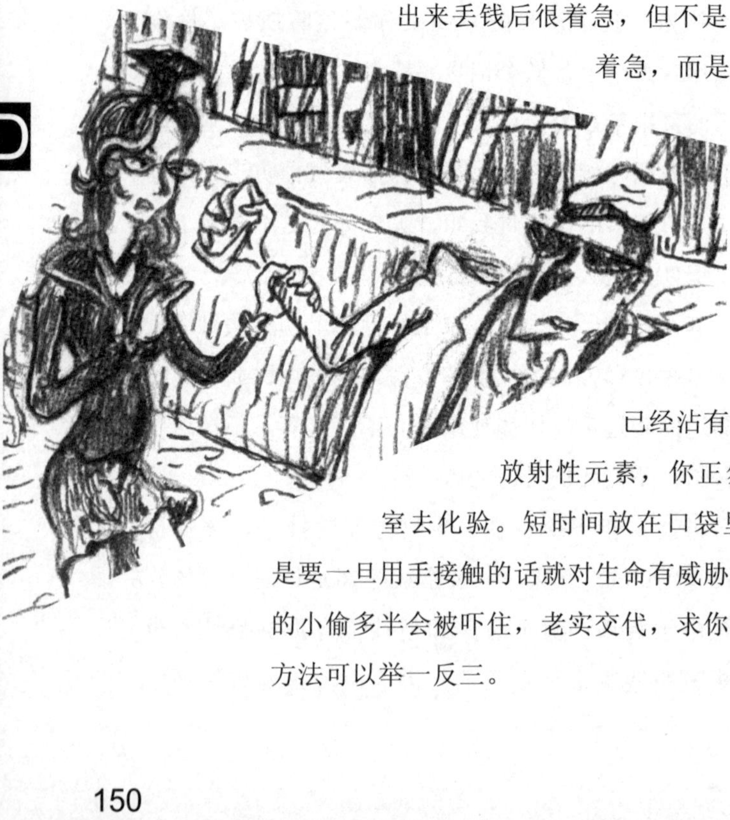

2. 测谎仪

如果小偷还不说实话，咬定钱是他自己的，那么最传统的检验方法就是测谎仪了。当然做测谎之前先要弄清楚价钱，如果价钱太高，比丢的钱还多就不值得了。测谎仪的首次应用就是在1923年加利福尼亚州伯克利市的一起盗窃案的侦破中，并取得成功。测谎仪的原理是，人们说话和欺骗的行为总是会有一些不正常的生理反应伴随，比如呼吸节奏打乱、出汗、心率变化等。通过测这些指数的变化，我们能判断出来说谎的可能性。不过可谓道高一尺，魔高一丈，总是会有人被训练到说谎说得连自己都相信的程度，在测谎仪面前更是面不改色心不跳，让人真假难辨，无计可施。所以这个方法的缺点是仪器难弄，准确率不高。

3. 功能性磁共振成像(fMRI)仪

如果测谎仪不行，还有更牛的功能性磁共振成像仪。用功能性磁共振成像仪来实现测谎是最近的一项技术突破。功能性磁共振成像仪依靠观测氧原子和离子结合时的磁场变化来成像。当大脑活动增加的时候，血液流动加快，这样氧原子需要更多，成像信号也就越强。这项技术一直用于探测癌细胞等医学方面，神经学家也通过功能性磁共振成像仪来查看人大脑的基本活动。比如说在你说话的时候用功能性磁共振成像仪来扫描，你的语言中枢就很积极活跃，所以成像仪上就显示出那部分大脑颜色异常。

不久前，美国科学家在实验中发现说谎话和说真话的人的大脑扫描图像表现出非常明显的不同。在好几个大脑区域，说谎的人的脑部活动非常积极活跃。或许，这些活动区域正是所谓的“谎言区”，或许，他们在试图编制谎言而调动语言等皮层中枢。总之，说谎话要比说真话更浪费能量。无论如何，实验员仅仅通过大脑扫描出来的图像很容易就辨别出来哪些人说了谎，哪些人没有，准确率百分之百。所以用这个问小偷是否偷钱了肯定是准确无误的。可惜世上的事没有完美，功能性磁共振成像仪测谎虽然准确，可价格不菲。为了口袋里的几个钱，动用功能性磁共振成像仪貌似是浪费了点。不过说不定过些年成本降低了，一家一台功能性磁共振成像仪了也说不准呢。

4. 催眠术

最后一招，让我们大胆设想一下，用催眠术催眠小偷，让他讲实话，甚至乖乖地把钱送还给你。

催眠术，其实不是迷信，也不是巫术。催眠的英文单词hypnosis，源于希腊睡神的名字Hyponos，这是人的状态的一种，就好像吃饭、睡觉似的，每个人都能达到这种状态。事实上，我们也经常达到这种状态，比如说看电影看得入迷不禁失声，看书的时候想象书中的情节不禁落泪，或者光天化日之下发发呆，做做白日梦，这都是属于和催眠一样的状态。现代科学普遍认为催眠是无意识知觉(subconscious)占了主导，它压制住了知觉而形成的状态。无意识知觉平时就好像是背景，比如我们呼吸、走路、开车，大部分时候，我们对身体的控制都是无意识的，除非让你把注意力放在这些事情上面，你才会意识到。而催眠状态正是这种无意识知觉被唤醒，而知觉被带到后台休息去了。

现在对催眠术的机理还不完全清楚，不过目前催眠术已经有娱乐大众、止痛镇静、戒烟等功用了。由于被催眠者本身个体差异很大，所以效果上对每个人也可能差之千里。如果有机会学几招催眠术，又碰巧碰上一个很容易被催眠的小偷，让他乖乖地被你左右，那还是很酷的。

尾声：

虽然有办法证明那几张钱是自己的，但最好的办法，还是看好钱包，注意财物安全。

飞屋能飞起来吗？

引子：

Dr.Who看了《飞屋环游记》之后，理性的他被气球迷惑了。两万多只普通气球就能让一栋木头房子飞了起来。不过那是在好莱坞的电影里。

问：

真实情况下，大量的气球能拉着一间普通的小木屋做空中旅行吗？

From“水龙吟”

2011年3月的一个新闻回答了这个问题。2011年3月初，美国《国家地理杂志》的工作人员仿照《飞屋环游记》的经典场景制造出了一座真人版的“飞屋”。这帮威武的“实验党”一共花了两个星期的时间，造了一座特制的房子——约5米高、20平方米大小的木房子。然后他们利用300只超大号气球(平均高2.4米)成功地使房子载着房客一起飞行了一个多小时，甚至曾飞到过大约3000米的高空。虽然这栋房子可能还不如一辆普通的小汽车重，但这已经足够打破世界上一次使用最多氦气球飞行的纪录了。

有了这个范例，后半个问题的答案似乎已经一目了然了，但是问题的前半段，两万个气球真的能承载起卡尔的飞屋吗？而且，我们进一步思考一下这个问题，我们也可以造一个属于自己的“飞屋”呢？

1. 电影里的飞屋

让我们再来看看《飞屋环游记》里卡尔的飞屋吧。该片的主创人员曾在某个访谈节目中提到《飞屋环游记》里面的气球是20622只，那么，我们可以通过一些简单的计算来检验一下，两万个气球，到底可以载起多大的重量？或者反过来问，到底需要多少气球才能让卡尔的木屋飞上天？

要想知道两万只气球可以载重多少，需要先知道一只气球可以承重多少。现实生活中，节日、生日等庆典常见的漂浮在

空中的气球往往分为氢气球和氦气球两种，但因为氢气比较危险，可能会引发爆炸等，目前最常用的往往是氦气球。那么，让我们做个最理想的简化，只考虑气球的浮力和氦气的重量，通过简单地计算，我们就可以知道，一只常见的直径大约30厘米的氦气球可以承担大约16克的重量。

16克有多少？其实也就只有两三根铅笔的重量。那么需要大约5000只这样的气球，才能将一个正常的成年人飞起来，而20622只气球大约可以支撑330千克的重量，这只相当于几个普通成年人的体重。进一步推算，我们大约需要7万只气球才能让一辆小轿车飞上天，要拉动普通的房子(哪怕是木头房子)，恐怕就需要十几万只气球了。

单只气球的承重计算如下：

氦气的密度小于空气的密度，因此氦气球在空气中产生向上的浮力大于自身向下的重力，结果是合力的方向向上，大小为$F=(\rho_2-\rho_1)gV$。这里V为气球的体积，g为重力加速度(约9.8米/秒^2)，氦气密度ρ_1为0.1786克/升，空气密度ρ_2为1.295克/升。因此可以支撑的重量m则满足$F=mg=(\rho_2-\rho_1)gV$。常见的节日气球充满气后直径大约有30厘米大小，即体积约14升，因此对应的m为15.6克。

另外，虽然氢气的密度更小，为0.0899克/升，但其和空气密度差与氦气情况很接近，可以算出同样大小的氢气球可以承重约16.9克。

但这些都是在最理想的情况下做出的估算，忽略了绳子的重量和气球本身的重量。事实上，这些小型气球根据材质厚度的不同，重量为1～3克不等。而电影中为了让两万多只气球同时悬挂在屋顶，必须要用到非常长而且坚韧的绳子，因此绳子的重量也很难忽略不计。从海报中，可以粗略估计平均绳长约

10米，则每根气球下的绳子重量约2克，这样算下来，一只直径约为30厘米大的气球的净承重只有12克左右了。如果再考虑到在高空中气压会下降，空气密度变小，而浮力就会更小，那么我们就需要更多的气球，才能让卡尔的房子飞至高空，飞往梦中的天堂瀑布。

2．荧幕PK现实

就像那些无法忽略的气球绳子重量那样，现实总是更加残酷而真实。然而在现实中，我们也可以利用其他的方法来改进“飞屋”。

为了减小气球和绳子重量的影响，我们可以选用表面积与体积比较小的气球，即选用大号的氦气球，这样可以有效地增加体积，也就是有效地增大浮力；同时气球表面积增大得却不多，也就使气球重量增加得没那么大。当然大号气球也可以一定程度上减少绳子的使用。

关于“大”气球的示例：

若是选择比原来直径30厘米大10倍的大号气球，即直径大约为3米的气球，那么它的体积与其直径大小的三次方成正比，因此变成了原来的1000倍，于是浮力也变为小气球的1000倍，而气球重量则与表面积(消耗的材料)成正比，它与气球大小的平方成正比，即只变为原来的100倍。

如果将这个“大号气球”扩大到极限，即只使用一只巨大的气球来代替所有的小气球，这样可以使表面积与体积比最小，效率也最高，“飞屋”就成了飞艇。早在两百多年前的

1784年，法国人罗伯特兄弟就利用这种方式制造了第一艘实现载人飞行的飞艇。

是不是觉得太较真了？其实，并不只有我们是这样。《飞屋环游记》出品人皮克斯动画工作室在设计电影的时候也做了认真计算，皮克斯动画工作室的结果是至少需要十几万只气球(和我们最简化的计算结果很接近)才能产生足够支撑小屋的浮力，但是为了更好的视觉效果，才只做了两万只。

而在2011年3月的新闻里，那些“实验党”们正是利用了大号气球(平均高为2.4米)，外加特殊的超薄迷你型木屋，亲手实现了他们真人版的“飞屋”。这样计算了一圈，你是不是也有些心动，想做一个专属于自己的“飞屋”了呢？

尾声：

其实问题可以超越重力，但是科学还是会把问题用真相的“引力”牢牢抓住。

来自隐身人的挑战

引子：

“闻君有白玉美人，妙手雕成，极尽妍态，不胜心向往之。今夜子正，当踏月来取，君素雅达，必不致令我徒劳往返也。”

4月1日，Dr. Who收到了一封署名“隐身人怪蜀黍”的诡秘来信。此人声称于无意间获得隐身斗篷一件，并将在四月的最后一个星期内潜入北京市海淀区美女质量最高的七栋高校女生宿舍……

Dr. Who愤怒了：为什么不来我们男生宿舍！

错了，是Dr. Who愤怒了：为什么不来我们学校的女生宿舍！

啊，又错了，应该是Dr. Who愤怒了：抓住隐身人，揪出“怪蜀黍”！

问：

如何在一栋宿舍楼中找出身着隐身衣的不轨之徒来？(Robot)

“Joey” 的热闹答案

知己知彼方能百战不殆，老祖宗的话不能忘(虽然他老人家叫孙子，呵呵)，我们先看看“怪蜀黍”都有些什么本事吧。如果他不是从外星球拿到的这件隐身衣，那么我们几乎可以肯定地说，他的隐身衣是在模仿空气的光学特性，而不是真的让包裹在其中的物质变成了空气。

能做到这点，基本上有两种方式：1. 全方位实况转播的方式，也就是把任何一个角度过来的影像实时地在对称的另一面播放出来；2.“伪透射”，可以想象为，接收到达隐身衣表面的光线，将其“扭曲”并送到衣服的对称点，因为人能看到物体是依靠肉眼接收物体对光线的反射光，隐身衣不反射光线，因此我们就看不到它包裹着的“怪蜀黍”了。如果“怪蜀黍”用的是1.0版的隐身衣，我们很幸运，先不说他很难处理三维影像以至于总有角度是有阴影和失

真的问题，起码他无法透射红外线，我们用简单的红外线防盗装置就可以抓住他了。还是假定他用的是2.0版本吧，不妨再高估他一下，一般的隐身衣只是“透射”可见光，我们知道可见光只是电磁波频谱中非常狭窄的一部分，从理论上讲，隐身衣如果可以扭曲可见光，也可以做到扭曲所有频谱的电磁波，当然这非常非常难，不过我们还是大方一点吧。

现在我们有了一个穿着可以让无线电、毫米波、红外线、可见光、X光等所有的电磁波“穿过”(扭曲地穿过)的“怪蜀黍”。

好了，现在需要确定的是解决办法的优劣之分。可以相信，解决这个问题的办法肯定不止一个，比如用警犬也未必不可。我假设解决方法的优劣在于三个原则：1. 准确率；2. 实施难度；3. 成本。另外我还排除了一些带有偏见性的方法，比如假设这个隐形人一定是男性，持续蹲点需要吃喝拉撒之类的问题，哈哈，虽然这也可以提供找到他的办法。

那么，现在开始吧。把“怪蜀黍”抓出来。

最容易想到的是，“怪蜀黍”仍然有的正常人的属性，比如体积和重量，那么我们用到处泼油漆(或者狗血等)或用重力探测仪器等应该都是可以找到他的，但这会和原则1准确率以及原则2实施难度有冲突，因为你要么要腾空宿舍楼，要么会经常误报警，所以我们先不这么干，注意，只是暂时。

现在我们要想的办法是找到某个特性，是“怪蜀黍”有但正常的人和物体都没有的。这个很简单，关键就在于“扭曲”，我们只要有办法找到这个扭曲的光线，就可以抓住“怪蜀黍”了。但是光线本身是看不到的，我们需要的方法就是要么“看”到光线要么“找”到扭曲。这里我们提供两种方式。

1．去过那种放很多烟雾的迪厅吗？里面有镭射光的那种，因为烟雾颗粒对光线的反射，我们能看到一条条镭射光，所以可以用放烟的方法，找到这个假装成“小黑洞”的怪蜀黍了。

2．这个方法其实我更喜欢，有点像007的意思，不过成本会高一点，累计需要1-n个激光测距器，1桶狗血，1套简单自控系统。激光测距器大家知道，就是一边发射激光对面放个做镜子用的三棱镜，通过测算来回反射的时长而测量距离。我们把这个测距器安装在某个通道，测得的是通道的某个固定距离。正常人走过时，测距器将无法测到距离或者让可测距离短了很多，而“怪蜀黍”不一样，因为他本事大，他只会让距离增加，增加值为他路过时的半个周长减去宽度的微小变化(因为他“扭曲”了光线。当然，保险起见我们要选用可见光的激光测距器)。这样我们只需要控制系统在距离变化处于某个范围时，狗血才倾盆而下就可以了，那时候大家只需要敲锣打鼓出来抓住这个“小红人”就可以了。

隐身衣的故事 From"Fujia"、"水龙吟"

1. 隐身的幻想

也许你曾经梦想穿越国王十字架火车站的九又四分之三站台，进入蜂蜜色的城堡霍格沃茨学院，披上属于自己的隐身斗篷，与伏地魔殊死搏斗；也许你还曾幻想来自未来世界的小叮当会突然从书桌抽屉跳出，从他无所不能的口袋里掏出一件隐身衣，让你自由穿梭于梦想世界……

D

图4-1 珀尔修斯手刃美杜莎雕像

(Fujia摄于梵蒂冈)

遍寻古今中外，隐身的故事伴随着创造者的奇思妙想而层出不穷，各种千奇百怪的隐身方法亦是异彩纷呈。古希腊就流传着珀尔修斯(Perseus)隐身手刃女妖美杜莎(Medusa)的神话（图4-1）。中国古代亦有孙悟空使用隐身法偷喝蟠桃宴的仙酒，太乙真人为哪吒手绘隐身符瞒过东海龙王等神话故事。现代游戏里也会借用各种各样的“隐身”概念，在游戏中添加“隐形药水”、“隐身草”等隐身手段和道具。

梦想家们可以忽略幻想与现实间的巨大落差，让想象力展翅翱翔。好在有科学家们一直埋头苦干，试图填补这一沟壑，在现实世界里为人们的美梦找到坚实的基础。一直以来，世界各地的探索者们孜孜不倦地研究各种可能的隐身方法。其中虽然不乏像神符或咒语这等只可一笑置之的隐身术，但在许多看似异想天开的隐身故事里，似乎隐藏着缜密的科学原理。

威尔斯笔下的隐身药水，一直为科幻迷们所津津乐道。这种奇药可使身体组织丧失颜色，变得透明，进而消失不见。虽然这个科学过程被小说家忽略了，但我们可以略微猜想，这其中一定发生了许多生化反应，才使人体内的蛋白质等大分子变得不再可见。

而这一点在现代科学中仍然极难实现。蛋白质大分子对生物体的生存至为重要，而其颜色与可以吸收和散射光线的特性，与其本身的生化性质息息相关。如果人类尝试着改变自身分子的光学性能，无异于自掘坟墓。

影片《魔戒》中，精灵女王送给哈比人的斗篷可以让他们和周围环境融为一体，实现“拟态隐身”。这种“经济有效”的方法在自然界里以保护色、拟态等形式广泛存在。田野中的变色龙，深海里的八爪鱼、比目鱼，都是个中高手，它们的身体可以跟随环境的变化而改变颜色甚至形态，使外界难以辨认（图4-2，图4-3）。

如此神奇的现象自然不会被敏锐的人类错过。从江湖中的夜行侠到苦修的忍者，都有着传说中的隐身功夫（图4-4）。在科学界，各式变色纤维等材料的研究层出不穷，艺术家们也来凑热闹，利用这种“隐身”的原理来设计作品。

然而，这种隐身方法有着与生俱来的弱点：隐身人不可有任何动作，不能与外界有任何触碰。即便“隐身人”天生擅长玩“你我都是木头人”的游戏，也只能骗过眼神不好的观众。如果只是沿着这个方向走下去，我们隐身的梦想还相当的遥远。

图4-2 八爪鱼照片(八爪鱼改变自身形态模仿其他生物。左侧为八爪鱼的模仿，右侧为真实生物)

2. 隐身的原理

隐身衣何以隐身？追本溯源，或许应该问，我们为何能看见物体？

图4-3 八爪鱼照片(Fujia摄于伦敦动物园)

南京大学物理系祝世宁院士从事隐身衣研究多年，他曾在回答记者时解释说："人之所以能看到物体，是因为光射到物体上后会被阻挡并反射到人的眼睛里。"人们可以通过反射或散射的光"看到"物体。那么隐身衣如何隐身，便是一个光学问题。

图4-4 日本忍者可以借助外界、衣物、屏息等方式"隐形"，大家熟悉的动画片《忍者神龟》就借用了"忍者"的思想

我们希望隐身衣能达到的效果是，当光经过需

要隐身的物体时，就像该物体完全不存在一样……那么，物体对光的作用必须消失，减少反射，还原光线的传播方式，将物体背后的信息传递给观众。简单地说，就是光线碰到物体能拐个弯，然后回到原来的传播方向，那么在物体前方的人看到的就是物体背后的景象。

自公元60年希腊数学家希罗(Hero of Alexandria)起，人类就不停地探索光的传播原理。1662年，法国数学家费马(Pierre de Fermat)所提出的费马大定理，告诉我们光线以最短距离——直线在空间内传播，这个妇孺皆知、广泛进入中小学物理课本的定理，似乎为让光线绕着物体“拐弯”的隐身衣判定了死刑。虽然折射定律也告诉我们在介质中光线会弯曲，然而天然材料根本无法实现“隐身衣”对光线的弯曲要求。

两百多年后的1916年，爱因斯坦提出的广义相对论又为隐身衣的理论带来了另外一丝曙光。爱因斯坦认为，如果空间可以被扭曲，则空间内两点间最短距离则不一定为直线，于是光线可以沿着这一扭曲的路径，绕过巨大的天体弯曲前进。《神奇四侠》里苏姗隐身的方法便如此类似。吴伯泽的一篇科幻小说《隐身衣》更加清晰地说明了利用广义相对论实现隐身衣的构想：故事里主角发明了一种隐身衣，一通电就可以产生巨大的力场，实现广义相对论要求的情况，让光线绕行。

然而这种隐身理论有很大的局限性，广义相对论中需要质量很大的物体，比如黑洞、太阳等庞大天体才能在较大程度上使光线弯曲，而且空间的扭曲不能人为控制。纵使科学巨人如爱因斯坦，也无法设计出能用以控制光线弯曲的奇妙开关。难以想象这种“力场”隐身衣会造成什么后果。

那么制造大型隐身衣，甚至隐身“黑洞”呢？在影片《星际迷航》里，罗慕伦人可以创造一个神秘的空间，将庞大的星际战舰隐于其中。虽然人类没有像外星人的长耳朵与吊梢眉，但我们的科学家毫不逊色。杜克大学电子与计算机工程系的史密斯教授(David R. Smith)在其科研小组网页上展示了一幅动态动画。

且让我们想象有一个奇异的空间，动画显示所有的光线按照动画中的格子线行进。如果我们可以压缩或扩展这个空间，一个崭新的“黑洞”便可以被打开，引领我们到从未存在过的世界。而所有的光线只能绕开“黑洞”向前行进。这将是名副其实的隐身技术！

但千万别忘了，为了能隐身，罗慕伦人可是付出了不能使用武器的代价的。创造这样一个“黑洞”需要的能量大得难以想象。遗憾的是，我们既没有无穷的能量，也不可能随身携带“黑洞”出门逛街。这种思路的隐身“衣”只停留在科幻小说、电影与人类的梦想中。

史密斯教授拥有其他的办法。人类也许无法扭曲空间，电磁场却是可以被扭曲的。如同将筷子插进水中便可见其扭曲，隐身只是类似海市蜃楼般的光学幻觉。如同树叶落入水流旋涡便不可见，隐身衣便是制造了个光线旋流，隐藏了其中的物体。

随着材料科学发展的日新月异，近10年来迅猛发展的超材料(metamaterial)研究帮助科学家梦想成真，这些自然界闻所未闻的人工材料，终于为隐身衣轰轰烈烈地上台揭开了帷幕。

3．隐身衣的进展

隐身衣爱好者也许会收藏2006年6月23日出版的《科学》(*Science*)杂志。来自苏格兰圣安德鲁斯大学(University of St.Andrews)的理论物理学家里乌尔夫•伦纳德(Ulf Leonhardt)与伦敦帝国学院(Imperial College London)的潘德利(J.B.Pendry)教授，分别在《科学》这一期顶尖学术刊物上发表论文，阐述他们对隐身衣理论基础的计算原理。

英国的这两位科学家，各自假设了电磁波如流水般在隐身材料表面流过，完全不受到隐于其中的物体的干扰，由此推导出隐身衣材料所需具备的光学参数。隐身衣的雏形已悄然出现。

四个月后的《科学》杂志，美国杜克大学的史密斯教授小组再次发表论文，向世人宣告微波隐身材料的诞生。他们运用潘德利教授的理论，巧妙设计了符合计算结果的隐身材料。在他们的实验中，他们采用金属铜与玻璃纤维，创造了一卷甜甜圈似的圆环材料。探测器所得到的信号表示，微波

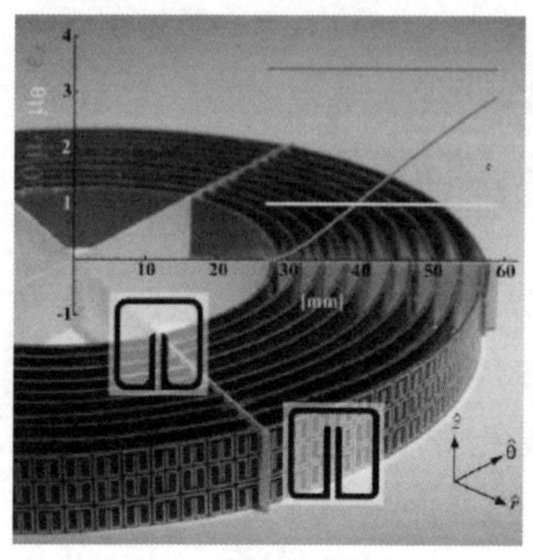

图4-5

经过圆环，恍若无物地会聚到圆环的另一侧，如若清泉石上流，汇聚于石岩另一侧一般，不留痕迹（图4-5）。

然而，这样的设计只能针对某个波段的电磁波，效果也离罗慕伦人的隐身罩差了许多。2009年1月的《科学》杂志，史密斯教授小组的刘若鹏再次发表文章，将隐身衣所适用的波段大幅度扩大，但依然局限于对微波段光路的改变。一切才刚刚萌芽。

基于乌尔夫•伦纳德教授的“共形映射”(conformal mapping)理论基础，近年来隐身衣的研究依然如火如荼。2009年4月的《自然材料》(*Nature Material*)上，加利福尼亚大学伯克利分校(University of California, Berkeley)的张翔教授以及其团队发表了他们的最新发明，首次实现了隐身材料在接近可见光的近红外波段工作。

张翔教授小组制作了一个反射型“隐身衣”。他们在硅材料上钻了很多纳米级长度的小孔，所制得的“隐身衣”覆盖于物体上，可使其背后物体不对光波形成任何散射(如图4-5)。时隔半月，美国康奈尔大学(Cornell University)的迈克尔•利普森(Michal Lipson)教授小组也发表了自己的论文，宣布他们采用同样的办法所制造的隐身材料的波段更加接近于可见光。

如图4-6所示，a为没有任何障碍物时的反射图；b为放了障碍物，反射的图因此有些扭曲；c图为加上“隐身衣”，此时的反射图重现了a的情形。

隐身衣已经从幻想中的霍格沃茨学院中走进我们的现实世界。科学家们为隐身衣的发展而激烈竞争，使得其发展速度令人咋舌。从超材料兴起到隐身材料变为现实，不过短短10年时间。虽然已问世的隐身衣尚不能覆盖住一根手指，也依然无法实现对可见光的隐身。但其在防辐射、屏蔽手机辐射等方面，会有许多应用意义。

4. 隐身衣的变种

就在欧美的科学家们还在为理论计算与材料制造大伤脑筋时，日本科学家田智前(Susumi Tachi)教授研究小组另辟蹊径，利用视觉伪装(optical camouflage)技术，制造了另一种奇妙的“隐身衣”。

这种乍看非常神奇的隐身衣，似乎已经把哈利•波特的故事带到了现实。但如果你足够细心，便可发现其中破绽。事实上，这种隐身材料并不能遮挡光线，它仅仅是在衣服上涂抹了反射性材料，利用摄像机将人体身后的景象拍摄下来，连线电脑再投影到衣服上而已。看似以假乱真，实际谬以千里。

图4-6

这样一个极具恶搞精神的发明其实也不简单。在衣服上涂抹的回射材料(retro-reflective material)上，布满了许多细小的玻璃晶须，当光线照射进回射材料上时，无数的细小晶须如同棱镜一般，将入射光以入射的方向重新折射回空气中。人肉眼所见的，则是反射回的明亮光线，几近透明。这种回射材料并不神秘,它早已广泛应用于交通标志、道路标识和许多夜光设施中。

当摄像机将摄制好的图像投影到回射材料上时，覆盖了回射材料的衣服便相当于投影布，将材料之后的影像完全展示出来。但这样的影像毕竟不同于周围环境的自然光。于是，科学家们又设计了一个特殊的镜子，使得投影的影像与环境影像紧密结合，对此观察者肉眼并不容易分辨。

这个在技术上不算复杂的发明虽离我们定义的“隐身衣”相距甚远，但它依然有其现实意义。比如有助于飞行员降落飞机时看清驾驶舱地板，使医生进行外科手术时看清人体组织下的医疗仪器等。

5. 隐身衣的未来

如果完美的隐身衣终于有一天变成了现实，如果隐身衣已经成为超市中随意选择的商品，这样的世界将会如何？

我们都期盼着隐身，如同在MSN或QQ上换了个状态，就能不受任何打扰。我们希望有个清净的世界，如同杨绛说的“只求摆脱羁束，到处游历”，但世界并没有那么完美。

隐身衣也许很快就会成为人类为非作歹的工具，成为未来战争的关键；隐身衣的使用也许会导致盗匪横生、内乱频繁，使得人心惶惶，人们之间也许不再有隐私，不再有信任，连最基本的安全感都无法保证。毕竟隐身衣无论在科幻小说还是现实中，无不用于人类互相倾轧，这样一个发明是否有反人类的嫌疑？“麻瓜”科学家们的心血结晶，是否是潜在的“伏地魔”？

也许，隐身衣发明的利弊，本就是存乎一心。如同炸药、枪支等发明，其本身并没有是非，对错只在于使用它的人。如果人类的自控能力可以化解这些问题，隐身衣便可以成为一项流芳万世的福祉。

也许我们完全不必如此杞人忧天，当隐身衣技术飞速发展时，反隐身技术也会随之迅猛前进，我们会用到我们的Dr. You们的方法。也许不需要那么复杂，在地上洒一把面粉，就可以使隐身人现迹；也许，完美如科幻小说的隐身衣依然十分遥远。

且让我们心存希望，期盼隐身衣研究有更多进展，也期盼所有的忧虑并不成真。

D

尾声：

富有正义感的Dr.Who长出一口气。

至少今晚，女生宿舍是安全的。

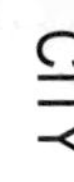

D

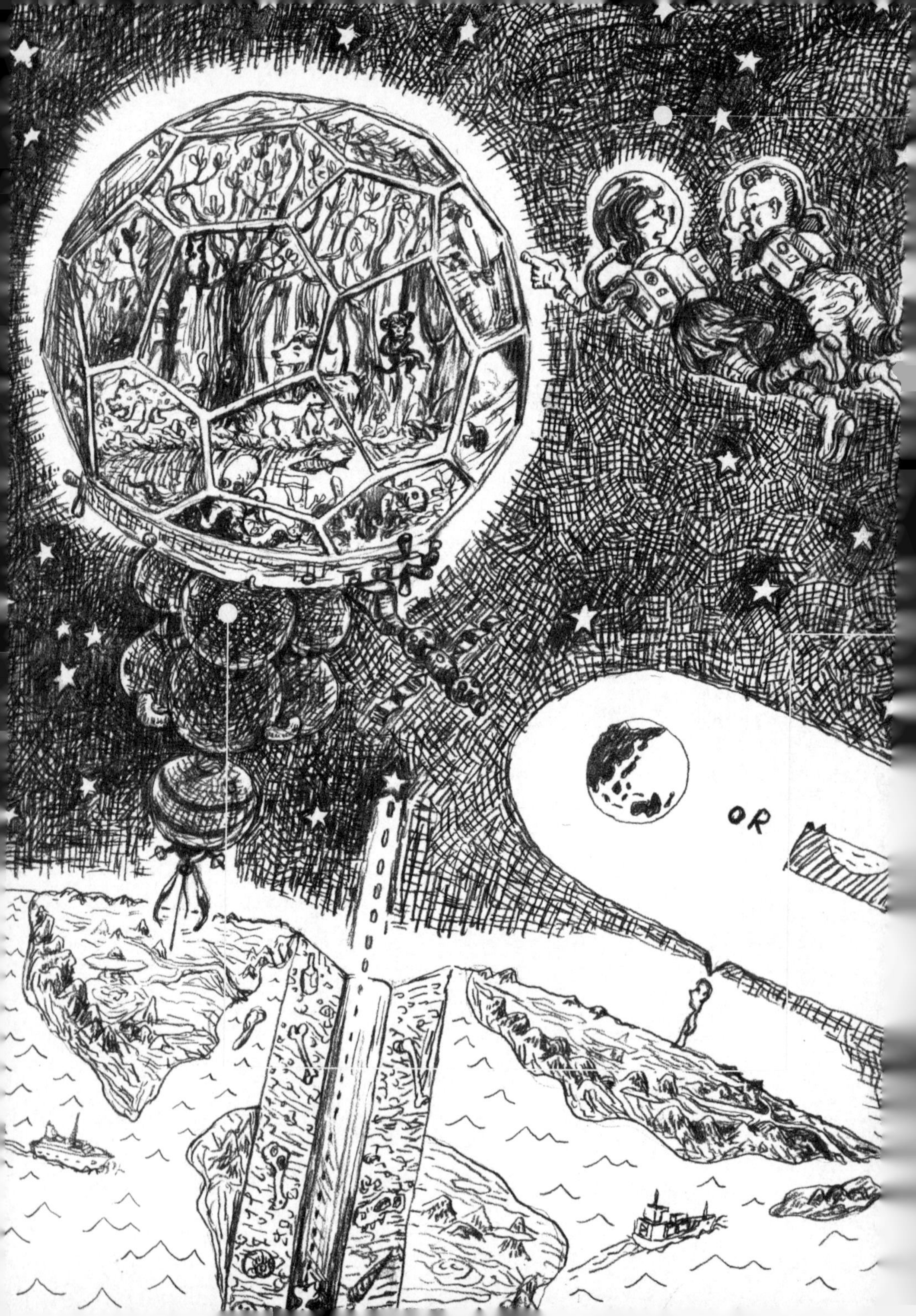
OR

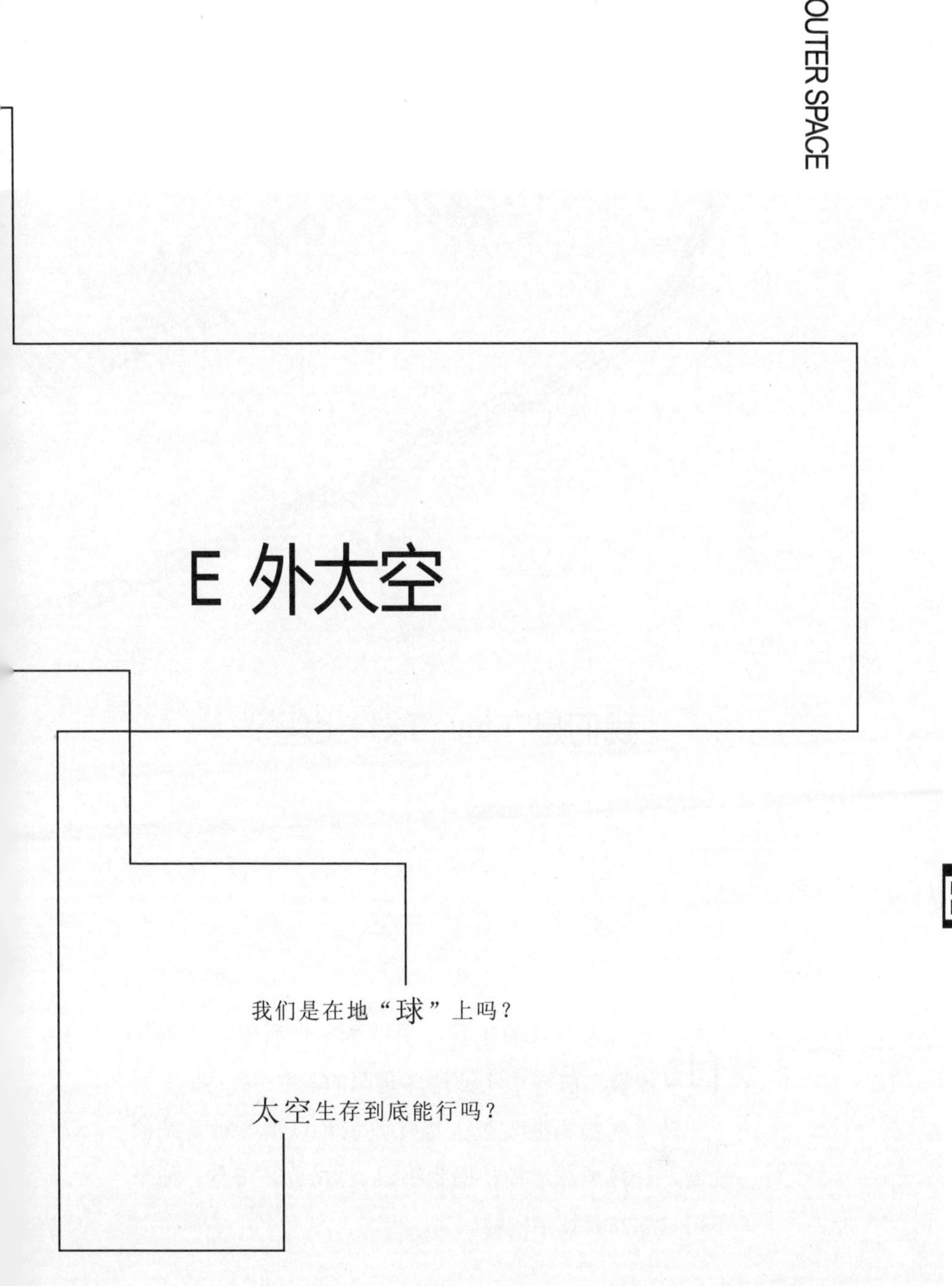

E 外太空

我们是在地“球”上吗？

太空生存到底能行吗？

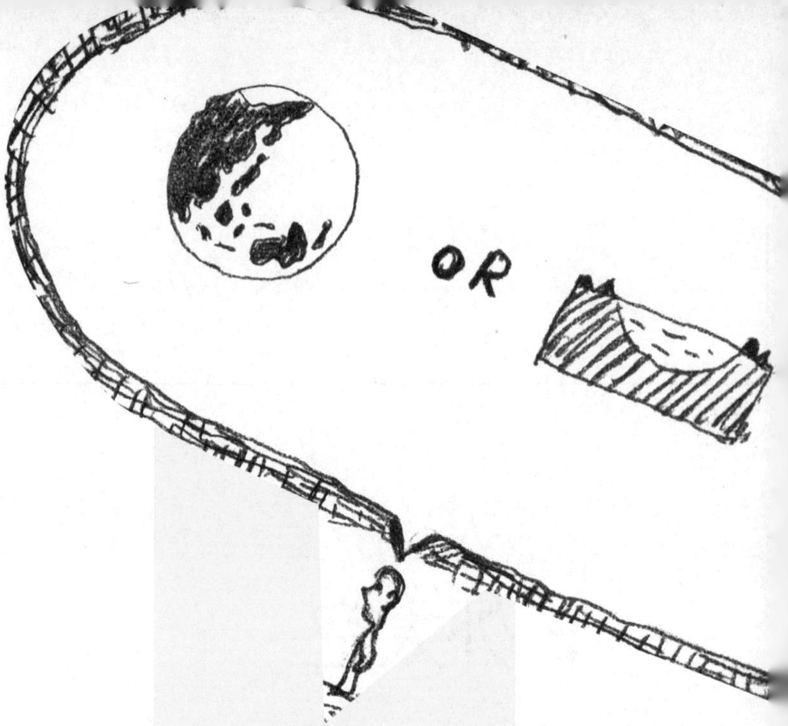

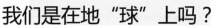

我们是在地“球”上吗？

引子：

在航海大发现的年代，受技术条件所限，人们只能通过航海来实证地球是圆的。

随着科技不断发展，现在我们可以用各种复杂的仪器，计算地球半径精确到小数点后*n*位。可是，如果不用这些高科技手段呢？

问：

如何用便宜的设备验证地球是圆的？

“Aqdd”的热闹答案

古代中国人相信“天圆地方”，不过时至今日应该不会有人再相信这样的说法了，哪怕是随便问一个小学生，他都会告诉你：地球是圆的。这似乎已经成了一个无需证明也无可辩驳的事实，可是几千年来人类对地球形状的认知却是经历了一段相当漫长而艰难的过程。

最先提出“地球是个球形”这一观点的是生活在公元前6世纪的古希腊哲学家毕达哥拉斯。不过，他之所以持有这种信念并非源于某种客观事实，仅是因为他觉得圆球在所有几何形体中最完美。后来，亚里士多德给出了“地球是个球形”的第一个科学证据：月食时月面出现的地影是圆形的。公元前3世纪，古希腊天文学家埃拉托斯特尼(Eratosthenes)根据正午射向地球的太阳光和两个观测地之间的距离，第一次算出地球的周长。公元2世纪初，我国东汉天文学家张衡也提出了“浑天如鸡子(鸡蛋)，地如子中黄(蛋黄)”的说法。公元726年，唐代天文学家一行和尚主持了中国历史上第一次大规模的官方组织的天文和大地测量活动，并利用北极高度和夏日日长计算出了子午

线1度的弧长和地球的周长。但是直到16世纪初，葡萄牙探险家麦哲伦环球航海的伟大壮举，人类才第一次用实证的方法无可辩驳地证明了地球是球形的。

在麦哲伦的船队离开西班牙塞维利亚港时，当他看着港口那高耸的灯塔逐渐消失在海平面以下时，不知他是否思考过一个问题：如果大地是平的，那大海也应该是个平面，而且海上没有任何能阻隔视线的东西，这样不管麦哲伦的船队航行多远，只要一回头，他就必定能看到出发港口那明亮的灯塔(图5-1上图)。从理论上说，他甚至可以看到远方任一方向上的海岸。然而事实却不是这样，随着船队离开港口，船上的人们回望港口时会发现，灯塔不但越来越小，位置也会越来越低，直到完全消失在海平面以下。人们的视线完全被凸出来的海面所遮挡，那些原本高出海面的陆地、港口、灯塔统统都看不见了，视线所及到处都是茫茫一片大海(如图5-1下图所示)。仅凭这一点麦哲伦先生在他开始环球航海的第一天其实就可以确定无疑地认识到地球原来真的是个“球”。

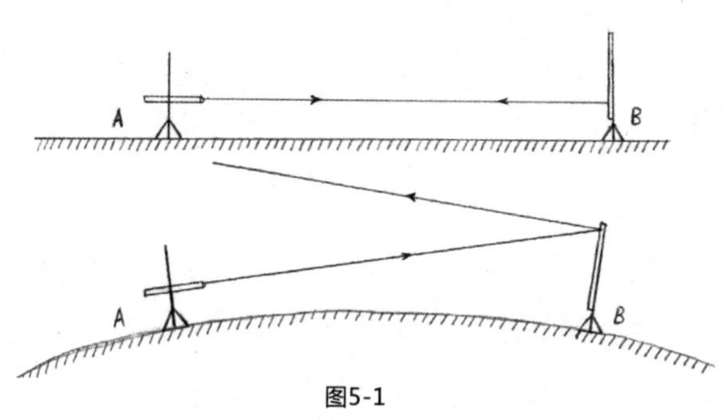

图5-1

科学技术发展到现在，我们可以通过很多方法来证明地球是个球形。我们甚至可以坐上宇宙飞船到外太空看看我们的地球家园，或者像麦哲伦一样做一次环球旅行(现在我们可以坐飞机而不必坐船)。不过既然Dr. Who让我们用比较便宜的方法去证明，那我们就要开动脑筋好好想想了。观察月食、测量日影之类的方法虽然不用花什么钱，但都被前人用过，了无新意。我倒是想到了另外一种方法，至少在我查阅过的资料里还从没看见有人用过同样的方法来证明地球是个球形。

这个实验并不复杂，开销不大，原理也很简单，只要具备基本的物理和几何知识都能看懂并理解。这个实验需要一支激光笔、一面质量较好的镜子、一把直角尺、一些尼龙丝线、三个铅锤(可用铁块等重物代替)，还需要一些角铁和铁丝来制作支架。我大概算了一下，总花费也就是100元左右吧。

下面我就来具体讲解一下我的这个实验设计：

如图5-2所示，实验用具由两个支架组成，其中左边支架上有一条尼龙丝线和一个铅锤，它们共同组成了一个标准铅垂线。铅垂线上固定了一支激光笔，就是多媒体教室里老师用的

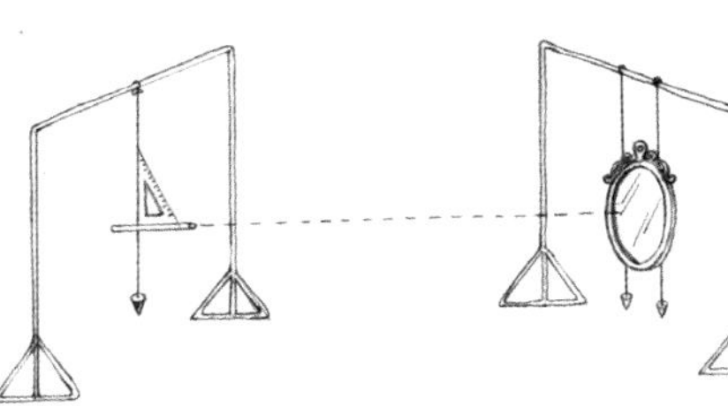

图 5-2

那种，在玩具店也能买到类似的东西。激光有个很好的特点就是发散性小，你把激光打到一个很远的物体上，它所产生的光点依然很小且清晰可辨。激光的准直性非常好，其光线可以看

成一条直线。我们就是利用激光的这些特性来完成实验的，所以一定要买一只质量很好的激光笔，这点很重要。图中黑色的部分当然就是支架了，而那个白色的三角形物体是一把直角尺，它的作用是让激光笔，准确地说是让激光光束处在精确的水平状态。右边支架和左边支架类似，只是用了两根铅垂线，灰色的椭圆形物体代表镜子。这面镜子固定在铅垂线上使其完全垂直于水平面。用两根铅垂线没有什么特殊的目的，只是让镜子不会来回转动，你也可以用镜子代替铅锤直接吊在尼龙丝线上，让镜子本身变成铅垂线的一部分。具体怎么制作并不重要，重要的是让镜子垂直于水平面。

接下来我解释一下这个实验的目的。由于地球引力的存在，铅垂线都垂直指向地面，在我们的肉眼看来似乎都相互平行，建筑工人甚至用两根铅垂线来测量楼房上下是否等宽，这在精度要求不是很高的测量中是可行的，但从原理上讲，其实没有任何两根铅垂线之间是绝对平行的，所有的铅垂线都是指向地心，它们的虚拟延长线最终将会在地心处汇聚成一个点(如图5-3所示)。而我们实验的最终目的就是为了要证明这一点。只要能够证明地球上任

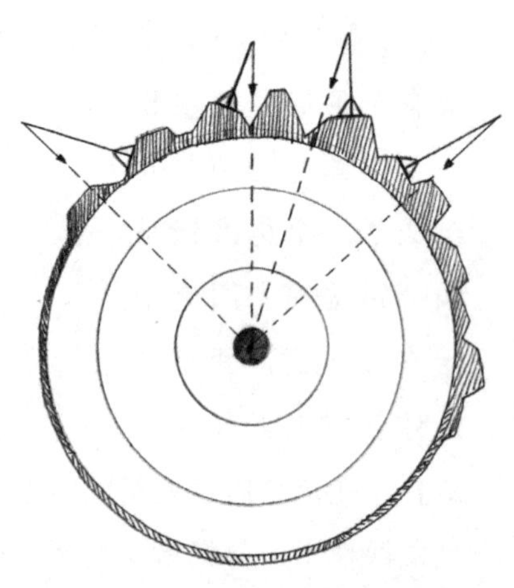

图5-3 铅垂线受地心引力的延展方向示意图

E

意两点上的铅垂线之间都不平行，且方向都向同一点汇聚，就能证明地球的确是个“球”。另外使用铅垂线还有个好处就是无论你在什么地方做这个实验，也无论地面是否平整、支架是否垂直，即便出现图5-3所画的那种高山陡坡的极端情况(我画的有些夸张，只是为了让大家看清楚)，铅垂线也依然能够准确无误地指向地心。

好了，现在万事俱备，只欠行动了。让我们找一个晴朗无风的夜晚，寻一块平整的开阔地，或是广场(要注意安全哦)开始我们这次有趣的实验吧（图5-4、图5-5）。

这个实验至少需要两个人参与，其中一人将左边支架摆放到广场的一端A，打开激光笔并再次用直角尺调整激光光束与铅垂线之间垂直，要细心，要保证最高的精确度。调整好后将光束射向广场另一端B。这时另一人拿着右边支架循着光束的方向走到广场另一端，同样也要细心调整镜子使其紧贴铅垂线，保持与地平线的绝对垂直。镜面调整好后再仔细调整支架B的摆放位置、高度和方向，要使镜面正对A地点，并让激光束正好照射到镜子上。再次调整右边支架的方向，让反射的激光束能正好返回到原位，也就是A地点。反射回来的光束能否准确回到原位并不十分重要，但至少要保证大概的位置，让A地点上的人能同时看到射出去的激光和返回来的激光就行。A点上的人拿张白纸，让反射回来的激光束照射到白纸上，并对比激光笔与白纸上光斑的高度差。实验完毕。

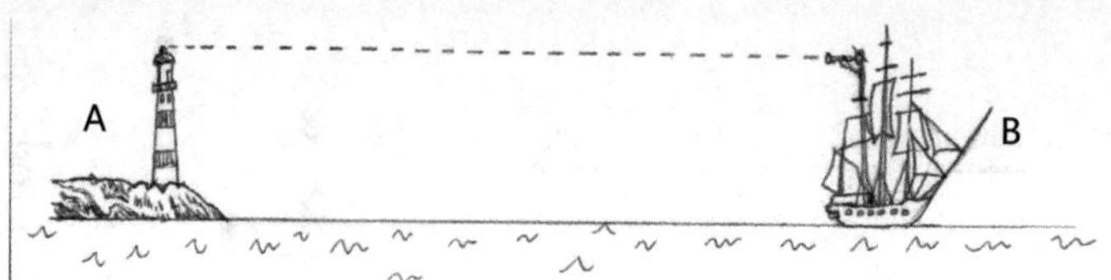

图5-4 激光回射实验示意图(Ⅰ)

这个实验要证明什么？我来解释一下实验原理。根据几何学上平行线定律，一条穿过平行线的直线与每一条平行线之间的夹角都相等。如图5-4所示，如果A点与B点上的两根铅垂线是相互平行的，那么垂直于A铅垂线的激光束也一定垂直于B铅垂线，从A点射出的激光与从B点反射回来的激光将在同一条直线上，不会有任何夹角。相反，如果从B点返回的激光和从A点射

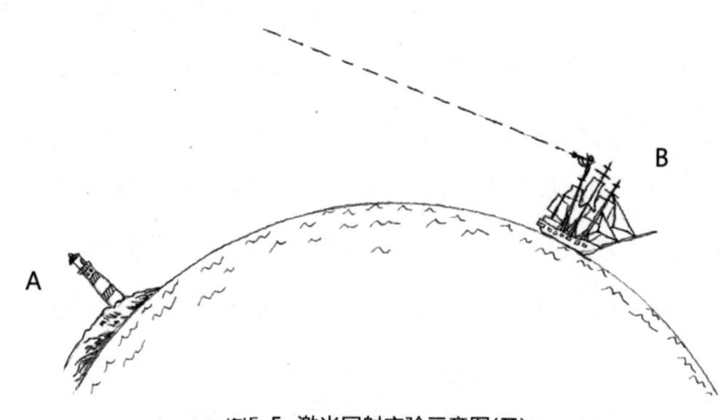

图5-5 激光回射实验示意图(Ⅱ)

出的激光不在同一条直线上(如图5-5所示)，那就能证明A点与B点上的两条铅垂线之间并不平行。根据三角形原理，如果激光的落点比出点位置高，那就证明两条铅垂线之间的交点在地表以下，在A点与B点距离不变的情况下，落点与出点之间的高度差越大就说明汇聚夹角越大，汇聚点也越近；相反高度差越小就说明

E

汇聚角越小，汇聚点也就越远。将这个实验在东南西北各个不同方位重复多次，保证每次实验A点与B点之间的距离都相等，如果每次对比激光的落点都比出点高且高度差相同，那就能证明所有的铅垂线都将在同一个点上汇聚，事实上那个点也就是地球的地心。证明了这一点也就证明了地球确实是个“球”。我个人认为这个表述是错误的，至少也应该表述为“几何中心”之类的吧？而且，考虑到地球表面情况的差异，也未必都能落到同一个点吧？此外，我还想在最后对这个实验的精度问题多说几句：通过这个实验，我们不但可以验证地球是球形这个事实，而且也可以根据A、B两点之间的距离和激光出点、落点的高度差计算出激光与镜子之间的夹角，进而根据勾股定律计算出激光出射点与A、B两条铅垂线汇聚点之间的距离，也就是地球半径。但我并不主张这样做，因为这个实验能证明Dr. Who提出的问题就足矣了，而要用这么简陋的工具去测量地球半径这么巨大的尺度是很困难的，原因就在于我们无法保证测量精度。在这个实验中A、B两点之间的距离越大，实验效果就会越明显，但对实验工具的精度要求也会更高，且不说激光并不是真正的平行光，在很长的距离上它依然会有一定程度的扩散，使我们无法准确判断激光落点的精确位置，就仅仅调整激光与铅垂线之间的垂直度一项任务就是一件十分考验我们耐心的工作。因为A、B两点之间的距离很远的话，比如1000米的距离，只要激光束有0.1度的角度误差，就会在B地点出现约1.125米的高度误差，而返回A地点后这个误差更是扩大到2.25

米多。所以说这个实验在原理上是成立的，但具体操作时要求我们有极高的精确度，否则就会出现很大的误差，甚至导致完全错误的结果。

松鼠“沐右”的点评：

其实铅垂线并不是严格指向地心。不考虑其他因素，地球对物体的万有引力是指向地心的，但是由于地球自转的影响，万有引力扣除维持物体和地球一起自转的向心力之后才是我们说的重力。所以实际上来说，重力并不是指向地心，而是稍微有一点偏差，不过这个一般可以忽略。另外当地的矿产分布、地形等因素也会改变物体受引力的方向，例如某个方向的地下有质量比较大的大量矿产的话，地面上实际受的引力会偏向这个方向。

这个想法如果真能操作的话，应该是可以作为一个测量地球半径的手段。但是实际操作中精度肯定很难达到。正如Aqdd在文末所说，0.1度的偏差就有很大的误差(根据我的计算，应该是1.745米而不是文章里说的1.125米)。除了激光器、镜子的摆放位置之外，风的影响，光通过的那部分空气的影响(温度不均匀会导致密度有偏差)可能都会使得这个实验得出错误的结果。

另外，这篇文章实际上还可以推导一下若A、B一定距离不同时，对应的光斑位置差别有多少，然后和可能误差对比下，就会显得更实际一些。

“Laoma”的热闹答案

图5-6 地球全景图(图片提供：美国宇航局/约翰逊空间中心)

关于地球是不是圆的这个问题的答案，最直接的验证方法是拍一张地球的照片。自从人类进入太空，宇航员为我们带回了很多圆形的地球照片，你对此一定不陌生。图5-6是第一张地球全景图，此照片摄于1972年，当时阿波罗17号航天飞机组脱离地球轨道，飞向月球，背对太阳，宇航员捕捉到一个完美的蓝色星球。

如果想亲自拍摄一张足以证明“地球是个球”的照片，就要费点事了。普通照相机是很便宜的设备，但如果4000万美元的商业太空旅行也可以认为是便宜或者不受题目关于“设备价格”的限制，那么我们可以搭乘宇宙飞船，到太空给地球拍照了。

如果大家对以上提议都不认可的话，我们就只能退而求其次，尽可能远离地球表面，在天上拍摄地平线，用弯曲的地平线，来证明地球是圆的。

实验工具：数码照相机一个，图像编辑软件一套，飞机票一张。

数据采集：在飞行过程中到飞机的窗口拍摄地平线，同时记录飞机飞行的高度。

数据处理：用图像编辑软件打开拍摄的图像，用直线工具连接照片最左端地平线和最右端地平线，在连接线的中点，数一下地平线离开直线的像素个数。

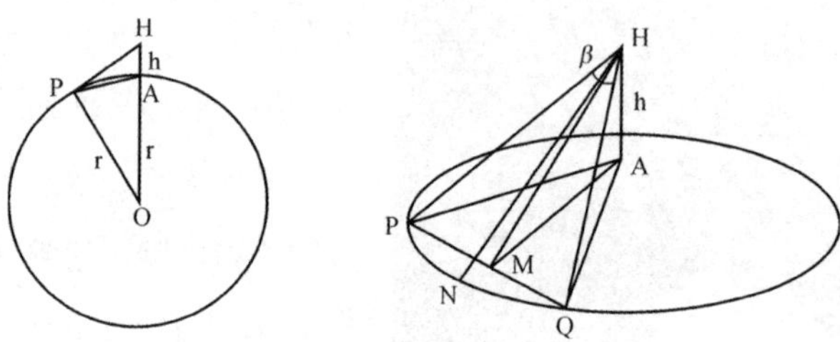

图5-7 飞机与地面投影夹角示意图

数学分析：飞机在H点，在地面的投影是A，所以高度是h。在H点，我们向地平线PNQ拍照，在照片中，P、Q分别是照片边缘的地平线交点，M是直接PQ的中点，N是地平线的中点，照片上N是在M的上面。对于一个照相机，在一定的最广角的放大时照相机的视角β是确定的(比如28毫米广角代表76度视野)，通过地球半径r、飞行高度h、视野角度β可以计算$\angle NHM$，进而计算出照片上NM之间的像素个数。

通过计算我们得到：

$$\angle NHM=-\arccos\left[\frac{\sqrt{h(h+2r)\sec\left[\frac{\beta}{2}\right]}}{h+r}\right]+\arcsin\left[\frac{r}{h+r}\right]$$

照片上的像素：

$$\frac{1}{2}\ \mathrm{w}\cot\left[\frac{\beta}{2}\right]\sin[\arcsin\left[\frac{r}{h+r}\right]-\arccos\left[\frac{\sqrt{h(h+2r)\sec\left[\frac{\beta}{2}\right]}}{h+r}\right]]$$

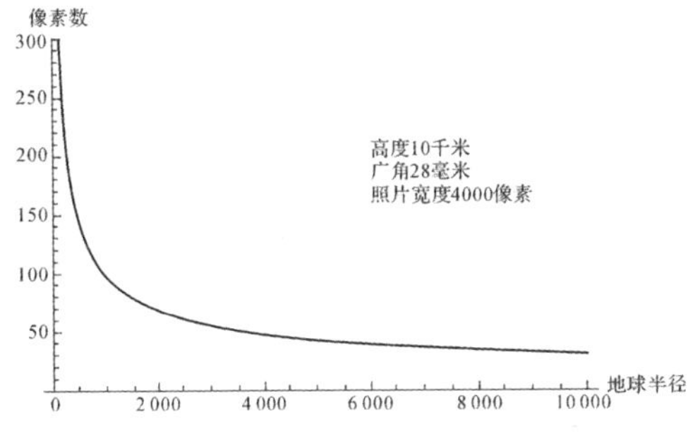

图5-8 地球半径与像素关系线图

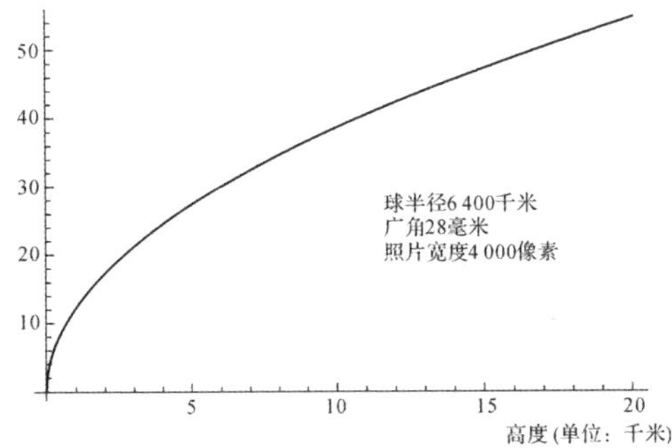

图5-9 拍摄高度与地平线弯度关系线图

图5-10 飞机上看地球表面(Laoma摄)

通过分析*NM*之间的像素与*h*、*r*的关系，我们可以进一步了解地球圆球形的性质。

地球半径越大，拍出来的地平线越接近直线（图5-8）。飞得越高，拍出来的地平线弯曲越厉害（图5-9）。

最近我没有乘飞机，拿一张以前的照片看看，由于没有记录飞行高度，不能拿来计算地球半径。不过根据已知的地球半径可以反推出来，这张照片里面飞机离地面的高度大约是2000米（图5-10）。

松鼠“沐右”的点评

我对这个答案很欣赏。虽然这个方法不一定便宜，但是，非常有创意，而且有完整且正确的理论计算。其实好好展开一下的话完全可以媲美那个普林斯顿大学的罗伯特•范德贝(Robtert Vanderbei)根据密歇根湖的日落照片计算地球半径的方法。另外，Laoma这个方法其实在山上也可以的。

这个过程实际上受地形的影响比较大，不如水面理想，而且飞机离地面的高度不好估计，为了避免当地海拔的影响，可能在飞在大海上的飞机上更合适。

另外还要保证照片上地平线保持水平，或者考虑进照片上的地平线和照片横向的夹角，否则照相机视角β值的意义就不大了。

太空生存到底能行吗？

引子：

我时常想，假如站在地球、站在全部生命的立场上，人类到底给地球带来了什么好处。想来想去只有一条：假如有一天太阳爆炸了(或者变成红巨星)，没有人类的话地球直接死定，只有人类才可能给地球带来一线生机……所以假如我是女娲、盖亚或者Xel'Naga(萨尔那加，游戏《星际争霸》中的神秘种族，创造了神族和虫族)，造人类出来只有一个目的：滚出地球去！

若以此为前提的话，那么人类的太空生存就必须是长期的、稳定的且不依赖于地球或者任何一颗特定的行星。实现这一目的有两种思路：开放体系和封闭体系。（孤立体系没有讨论的必要了吧。有人有意见吗？）

2012就要到了。在很多讲述末日浩劫的电影中，人们乘坐飞行器离开地球，到外太空寻找新的星球，人类生命得以延续。太空似乎是世界毁灭后唯一的希望寄托。

问：

太空生存到底靠谱不靠谱？

From "Ent"

1. 封闭体系

所谓封闭体系，就是和外界只有能量交流，没有物质交流。我们运气很好，地球自己几乎就是一个现成的封闭体系，所以我们只需做一个缩小版的地球就可以了。

但是这个“只需”二字还真是轻描淡写啊。要打造一个缩小版的地球其实是不可能的，因为会遭遇万恶的尺度问题。

现实中的地球并不是仅有生物圈这么一个薄薄的壳层，地球的每一个成分都是至关重要的。这里只举一个例子：大家平常大概会很痛恨板块运动，如果没有板块运动，火山爆发、地震这些自然灾害就会基本消失，多好啊！可是长远来看，板块运动却对地球的碳循环至关重要，而一个迷你地球却无法有效地维持这样的运动。

我们知道，硅酸岩的化学风化过程，是空气中的二氧化碳溶解了硅酸钙等物质，变成水溶性的碳酸氢根离子和硅酸；而这些离子流入大海之后由于离子浓度和pH值的变化，大部分会变成不溶于水的碳酸钙和二氧化硅，沉积在海底。全过程相当于空气中的二氧化碳转化成了海底的石灰岩，而这些石灰岩正常情况下是永远不能得见天日的。这个过程很慢，对减少人类几十年内的碳排放量没有多大帮助，然而放任它继续下去，只需1万年就可以耗尽现在空气中所有的二氧化碳，再过30万年连海洋里溶解的二氧化碳也可以被吃光，到时候绿色植物就完全无法生存了，更别提动物了。

不过地球已经存活了40多亿年了，哪怕从绿色植物登陆算起也有4亿多年，好像一切都安然无恙啊，没听说出现过二氧化碳耗竭的事故。原因就在于板块运动：火山可以直接释放出大量的二氧化碳，岩浆的变质作用也可以使石灰岩成分改变把二氧化碳还给大气。这几种力量的均衡维系了地球上碳的长期循环。不夸张地说，没有板块运动，地球就不会有生命。一般人只熟悉生物圈的光合作用和呼吸作用形成的短期碳循环，现在人类使用化石燃料的干扰所产生的作用其实也是短期的。但是太空生存嘛，怎么说也得以子子孙孙无穷匮也为目标，所以我们必须考虑到长期的影响。

遗憾的是，板块运动的根本动力来自于灼热的地幔，而地幔的运动是严重受到尺度影响的，不能随意放大缩小。且不讨论那些复杂的流体力学计算，光是最简单的一点就够麻烦了：如何维持地幔的温度？在这里，无情的“平方”“立方定律”又一次发威了：一个球的半径如果减半，那么表面积缩小到四分之一，可是体积却要缩到八分之一。既然热容量和体积成正比，那就意味着降温的速度是原来的两倍（考虑到地幔对流因素的话，可能不是精确的两倍，但无论如何降温速度会变快）。我们的老邻居月球和地球几乎形成于同一时间，它的半径是地球的四分之一还多，可是现在已经冷成一块大石头，完全没了地质运动，磁场也几乎消失（只有表面的岩石存留一些磁性，没有类似地球的磁极），更不要说火山和岩浆了。人类应该不太可能造出一个月球那么大的迷你地球，否则冷却速度就会更快。而这仅仅是一个例子而已，实际操作起来，真正的问题远不止这一条。

解决方法倒也不是没有：抛开地球的模板，另起炉灶，从头构建一个生物圈——就像美国人做的“生物圈二号”那样，不过“生物圈二号”可悲地失败了。显然人类现在根本没有能力去事无巨细地“管理”一个生态系统；而不“管理”的话，这个山寨版生态圈很可能自发地演变到别的状态——一个让里面的生物依然繁盛，但不再适合人类居住的状态。也许我们可以向太空中发射一些这样的生态种子，但是没有人来掌管的话，我觉得它们基本没有成功的可能。

但哪怕不考虑人的问题，小生态圈依然有一个致命的问题：太小！这一点在岛屿生物地理学界早有结论，越小的岛屿上生物灭绝的可能性越大，其中重要的原因之一是小岛上支持不了太多的生物个体，很容易因偶然因素而导致灭绝。一个由几只麻雀组成的种群很可能会灭绝得不明不白纯属偶然，比如传染病、被气枪打下来或者是撞到飞机上，但是全国的麻雀不可能同时出现意外事故。而一个物种一旦灭绝，就没法复活了。反过来说，越小的岛屿上，新物种形成的可能性也就越小，因为没有那么多遗传多样性，也没有那么多新生态位。总体而言，物种多样性是入不敷出的，难得长远。

也许将来自动化技术和生态学知识发达的时候，人类可以通过全方位调节来保证生态系统的稳定性，甚至完全抛弃自然生态系统，一切物质循环都由机器来完成。可惜目前咱们还做不到。假如世界末日现在降临，人类是造不出一个能用的封闭体系的。

2. 开放体系

要维持一个开放的体系就容易得多了，因为不用担心物质回收的问题。现实中最典型的大规模开放体系就是城市了：城市每天都要吞入大量的食物、水、空气，吐出大量的各种废弃物与污染物，但是它依然活得好好的，因为有周边的乡村地带作为它的缓冲。而在太空中，要维持科幻作家刘慈欣笔下《吞食者》里那样的体系，也远比构建一个封闭可自持的生态圈要简单。

开放体系当然是不怎么道德的，有点像海盗那样，一路航行一路抢，不过既然宇宙本身已经是“黑暗森林”了，恐怕也顾不上道德；道德本来就是以生存为前提的。真正的麻烦在于这种方式能否真正地养活自己。

假设我们的宇宙海盗科技较弱，没有可自持的工农业，必须依靠不断掠夺其他的文明来养活自己，如同吞食者文明那样，那么情况就不是很乐观。1961年，加利福尼亚大学的弗兰

克·德雷克(Frank Drake)提出了著名的德雷克方程式，又名“绿岸方程”，用来推算银河系中的文明数目。按照他当初计算使用的参数，全银河系大概也只有10个文明，这样是几乎不可能“可持续发展”的。也许其他星系会好一些，但是很难想象就靠这10个文明能积累出足以跨星系旅行的物质基础，正如在近海开着单桅帆船小打小闹的小海盗攒不起钱来驶向新大陆一样。当然，如果真找到了能用的虫洞或者发明了空间跃迁，那又是另一回事了。

更靠谱的可能性是：不依赖于具体文明，而尽量靠星际物质求得生存。已知的地外行星中大约有百分之一含有水、水蒸气或冰，这比起有文明的星球来说概率大得多。假如这类“基本物质”能够找到充足来源，那么我们的“海盗”只需要自备全套工农业生产体系就可以，不用带上整个生物圈。但这么做的风险是，依然难以保证掠夺的稳定性。航行到汪洋大海之中却断水断粮是最可怕的事情，而假如一个太空海盗没有母港，可以说迟早会遇到这种事件。别的不说，农业产生的甲烷就是大麻烦。目前，全世界的牛每年产生约5万吨甲烷；自然情况下，大部分甲烷是和对流层里的羟基自由基反应从而被消耗掉，但只有工农业而没有全套生态系统的宇宙飞船根本没有对流层，这些甲烷也就难以处理。所以，虽然名义上是开放体系，但是依然不能像城市那样放肆，起码要具备一个小规模的生态圈和足够强的物质循环能力(不过不需要百分之百回收)。

3. 多体系平衡

不管是封闭体系、开放体系还是有一定自我维持能力的“半开放体系”，都面临同一个问题：对极端风险的抵抗能力太弱。太空冷酷而凶险，各种五花八门的意外事故从黑洞到小行星群到超新星爆发，层出不穷，没有任何一艘飞船敢于宣称自己永不沉没。而一旦体系崩溃，就没有恢复的机会了。把鸡蛋放在同一个篮子里，迟早会一起打碎。

但是简单地增加篮子的数量也不是好办法。毕竟上面说过，越小的体系越不稳定，越容易出危险；而假如每艘飞船都是相互独立、不相往来的话，对形势的帮助也不很大。个人以为，要想万世长存，最佳的情况是大量的小飞船形成一个分布式群体网络。

其实人类历史上也没有几个群体是长盛不衰的，风水轮流转，只要一个群体存在时间足够长，肯定会倒霉。但是如果有足够多的有差异的群体，你方唱罢我登场，而且群体之间存在紧密联系，失败的可能性就会大大降低。哥伦布在葡萄牙碰了钉子还可以去找西班牙王室，郑和要是没了皇帝资助就会完全抓瞎，区别即在此。不过要想让小飞船有效地联络，它们的距离就不能太远；而距离过近的话又会出现资源竞争。最理想的情况是，在掠夺资源时并不涸泽而渔，使得被一艘飞船掠夺过的行星，隔一段时间下一艘飞船到来时依然有价值。比如，可以在掠夺二氧化碳和水的同时把飞船上的甲烷就地排放在行星上，利用行星自身大气层完成物质循环。

假如这幅图景真的能够实现，那么我们就从宇宙海盗变身为宇宙游牧民：驾驶着一群群飞船，在行星群之间穿梭往来，收割资源，同时把废料排放在行星上待其自然循环。但是，为了防止“公地悲剧”，这对庞大的飞船群管理也要提出很高的要求：要保证把足够的物质回馈给行星；要保证排放的废料不会引发行星本身大气结构的剧变(例如，显然不能把氧气大规模排放到还原性大气中)；要保证不把持续危害性的物质(例如，长半衰期的核废料)大规模排放到行星上；要保证不对某几颗行星过度掠夺。这需要宇宙游牧民之间存在极强的相互监管体系和惩罚机制，甚至可能需要一套全新的宇宙道德。这应该是最可持续也最安全的太空生存方式，不依赖于任何一艘船，不依赖于任何一颗具体的行星，不惧怕任何局部性的突发事件，唯一依赖的，只有我们自己对人类社会的掌控能力。我只希望，到那时人类会比现在更聪明，更有自控力。其实刘慈欣的想法很对，决定宇宙图景的未必是物理学，很可能是社会学。

尾声：

这是个有些沉重又看似遥远的话题。我们总是觉得，地球末日不会降临在自己头上。地球经过了42亿年的漫长变化，才成为今天的样子。保护这颗星球，远比论证移民外太空要实际得多。

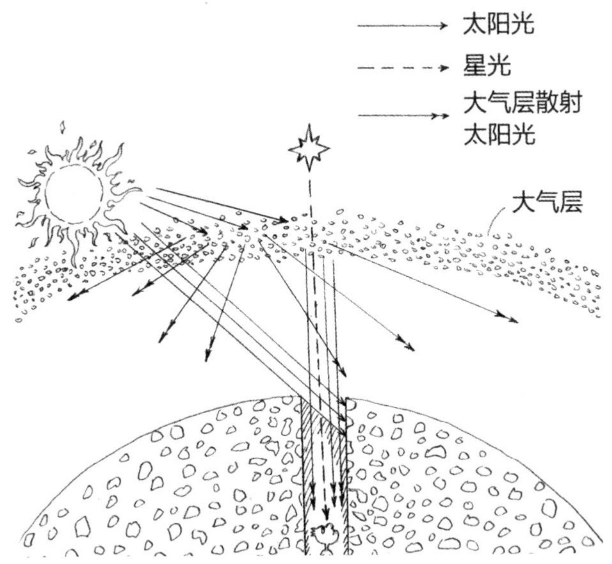
太阳光
星光
大气层散射
太阳光
大气层

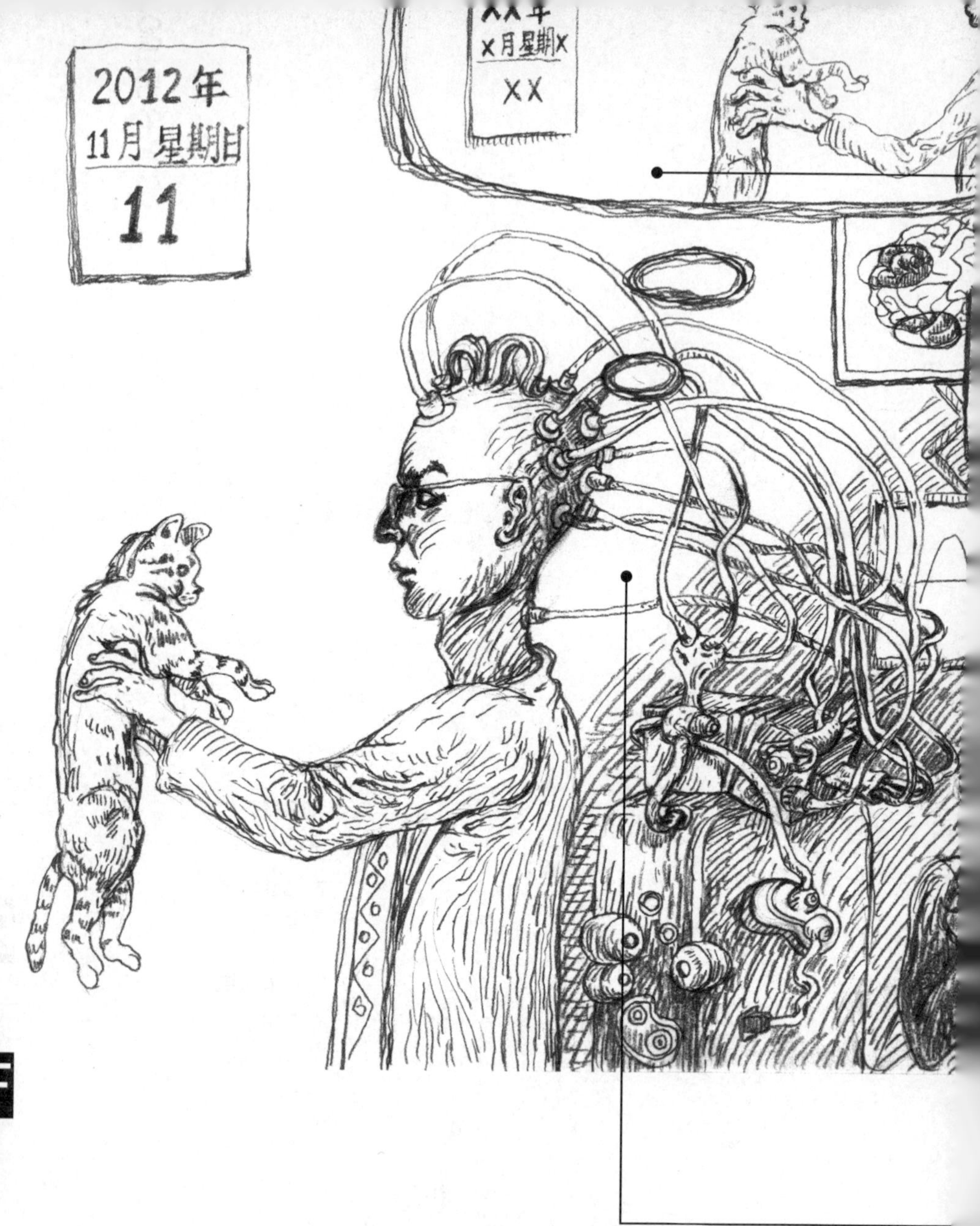

F

F 大脑

啊，就是那啥啥……

字为什么变陌生了？

身后的目光

当人脑接驳电脑

啊，就是那啥啥……

引子：

对对对，我说的就是那个，那个什么嘛，就是那个……诶，怎么话都到嘴边了，就是想不起来？

这种情况你遇见过没有？也不是结巴，可是突然的，明明脑子里很清楚地“知道”，一件事情也好，一个人的名字也好，甚至能感觉得到它的种种特征，就是说不出来。

这是怎么一回事呢？

问：

那啥，啊对了，为啥话到嘴边了
就是说不出来？

“繁星秋水”的热闹答案

1. 什么是TOT

试想，当你信心满满地步入考场，摩拳擦掌准备金榜题名时，碰到一道题目，你明明知道答案，却死活写不出来。你咬牙切齿地想啊想，直到发现考试已经剩下没几分钟。

试想，当你在茫茫人海中遇到小学的同桌，突然发现那时貌不惊人的她变得风姿绰约、亭亭玉立，于是你走过去，清好嗓子准备打招呼，突然间发现你叫不出她的名字。

你郁闷地回到家里，在自己的“围脖”上写出以下文字“今天我……(此处省略100字)，真是悲催的一天，TOT”。

是的，你碰到的就是让人泪奔的TOT(tip of the tongue phenomenon，舌尖现象)。说复杂点，这是“一种记忆提取失败的现象，表现为记忆已经逼近被完全回忆，却无法转化成为确切的词语表达出来”。说简单点，就是话在心头口难开的感觉……

2. TOT产生的原因

关于TOT的研究由来已久，对其产生因素的解释也是多种多样。1890年，美国心理学家威廉·詹姆斯在其著作《心理学原理》中为其命名。其后，弗洛伊德试图用潜意识的想法和冲动之间的冲突解释这种现象。当然啦，已经有朋友提到，在认知心理学方面，我们能找到最好理解的答案。

(1)传输不足模型(transmission deficit model)

这个模型主要是基于记忆表达的多元模型来解释TOT。记得我们高中就学过，大脑中负责语音和语意表达的其实是两个区域，按照传输不足模型，当回忆的刺激产生时，你的语义表达区域很快被激活了；可问题是，语音表达区域反应总是慢半拍，你已经从语义存储中提取了关于目标词汇足够多的信息，但语音存储却还没有进行有效的提取。你明明知道你要表达什么，但却无法用精确的词汇表达——于是，TOT产生了。

支持这种观点的证据很多，最直观的是神经影像学技术的应用，通过脑扫描技术(MEG)或核磁共振成像(fMRI)技术，可以最直观地显示出产生TOT时大脑中被激活的区域。但问题也出现了，涉及TOT的脑区很多，多到很难详细研究这些区域在TOT中的确切功能。比方说，你要回忆的目标词语是一个人的名字，那么关于面孔识别的梭形脸部区域就会被激活；而你要回忆一个物理概念时，这个区域显然不会有所作用。

(2)阻塞假说(blocking hypothesis)

这个假说是说，你回想起有关目标词语的线索反而抑制了你对目标词语的检索。这种假说最直白地表达就是：因为你想多了，所以你想不起来。

(3)不完全激活假说(incomplete activation hypothesis)

这里就不下定义了，因为这个解释起来更容易，就是：你记不起来，是因为你记得不牢！

另一方面，这个模型也是建立在你确切知道要回忆的词语的前提下，但有的时候，连我们自己也很难确定自己究竟是否知道要表达的词语。

于是便有了对于TOT产生的推理观点，这种观点认为其实你本来并不知道自己要表达什么，你回忆的过程是通过与目标相关的信息的拼凑和推理，而与词汇本身是否存在于你的记忆中无关。

3. 影响TOT的因素

(1)年龄因素

这是大家最能够想到的因素。成年之后，年纪越大，TOT发生的频率越高；但有研究者发现，年长者和年轻人的大脑产生TOT的区域并不完全一样，年长者发生TOT时更倾向于过度激活他们的前额皮质，这导致了记忆检索失败时不停重复检索，因此老年人在遇到TOT时更加容易焦虑。

(2)双语因素

那些英语很棒的同学们注意啦，使用双语可能会让TOT产生的概率增加。对于双语使用者会有这种劣势的解释是，当你在记忆中搜索你要表达的东西时，双语会使你对同一件事物产生两种不同形式的表达倾向，实验也印证了这种假设。但当你要表达的是一个专有名词时，双语的影响可以忽略——的确，全世界看到的都是同一个太阳。

(3)情绪影响

你越想，越是想不起来；你不想，说不定突然间你想要用的东西就在你脑中“冒泡”了。

有研究显示，TOT中关于情绪的预期先于记忆行为的发生。情绪恰恰会影响到有关记忆的许多方面。对于大多数人来说，TOT产生时的情绪显然是消极的，因此这种消极的情绪也抑制了你回忆目标的过程。

(4)药品的影响

首先是氯羟安定。实验证明，服用药物之后，被试被提醒自己表达错误时，才会体会到TOT的感觉。简单来说就是，“你已经说了，被别人提醒了，才发现自己不知道自己要说什么”。然而，氯羟安定对于TOT的发生概率却没有什么影响，只是抑制了记忆的提取过程和对于TOT的主观感受。

其次是咖啡因。喝上两杯咖啡，会让你的大脑更加灵光，减少TOT的发生。

4. TOT是病吗？

不管你是什么年龄，什么性别，什么学历，你都有可能让TOT发生在自己身上。如果TOT只是偶尔在你身上发生，那么你完全可以忽视它；只有TOT频繁出现，以致严重影响你的生活的时候，才是一种病症。这种病症可能是由幼年时的学习障碍或者脑损伤引起，此外，一些失语症患者和奥尔茨海默症患者也表现出一定的TOT。

5. 怎样克服TOT

你无法预计它什么时候会出现，但一定要我给一个建议的话，那么，保持年轻的心态；当你要参加考试或者有强烈预感自己会有“桃花运”的时候，喝两杯咖啡吧，至少一定程度上，你可以避免在自己身上发生那个什么什么，就是那个……现象。

TOT！

尾声：

TOT真是国际通用的“象形文字”啊！事实上，TOT总是常伴Dr.Who左右。而且更加让人TOT的事情是，越是美好的回忆，就越会出现TOT；越是不幸出现地发生了TOT的事情，就记得越是非常清楚！

字为什么变陌生了？

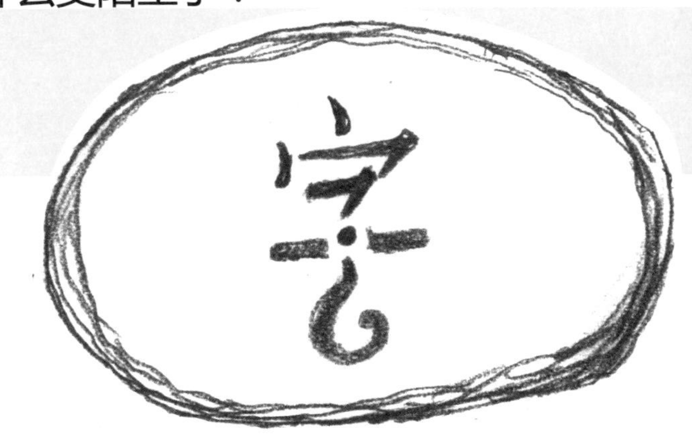

引子：

这次的问题要从Dr. Who悲惨的小学生活说起。在那个动辄被老师要求抄写一个字200遍的岁月里，Dr. Who和同学们一起发明了一种又一种让枯燥生活更加有趣的方法。譬如说，将多支笔用皮筋捆起来写，从下往上写，对角线方式写，笔画分开写等。同一个字写了几十遍之后，Dr. Who觉得那些字越来越陌生，自己好像是在画画。

问：

为什么很频繁地看某一个字，就会觉得它越来越不像我们之前所认识的那个字，有时候，我们频繁写某个字的时候，就会觉得好像写错了？（靖三儿和Baiger）

"Chenhbchendl"的热闹答案

上面这是个什么字？乍看之下，谁都认识。不过，请盯着它多看一会，咦，这字就变得生疏起来了。

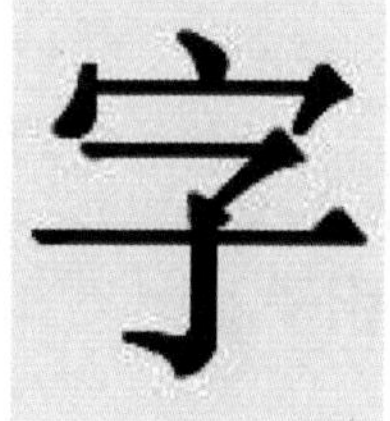

图6-1

很多人身上都发生过这个现象，我自己也有这种感觉。

文字所表达的是语言，语言所表达的是思维。我们脑中的思维与概念是通过语言来表达的。文字则是记录语言的工具。所以，当看到"字"这个文字符号时（图6-1），我们大脑中首先反映的是"zi"这个语音，然后再反映出"字"的意义。有研究证实，当我们阅读文字的时候，控制语言的神经也在"读"这些文字的发音，尽管没有张嘴念出这些语音来，但控制发声的神经依然有与说

F

话时相同的神经电流。

这就是多看一会之后，文字会变得生疏的原因所在：平时我们的思维习惯是看见文字时立即反映出它的读音，进而联想到其意义。而当仔细看这个文字的时候，注意力转向了它的笔画，一心不能二用，关注到了形状，就顾不上读音了。只看到宝盖加一个“子”，却忘了它读什么，于是成了猜谜语。当然会感觉到生疏。

有个简单的谜语：三点水加一个“来”字还是读“lai”，那三点水加一个“去”字读什么呢？是个什么字？

相信很多人(包括我在内)一时都想不到这是个什么字。这里面的玄机也在于利用了人的思维习惯制造麻烦，第一句的“涞”字实际上是在强化你的读音习惯，“来”字加三点水，读音还是“lai”，“去”字加三点水的读音就自然被吸引到与“qu”读音相近的字上去了，估计大家一下子就会联想到“怯”字，然后就搜肠刮肚地找带“q”与“ü”音符的字去了，忘了把三点水与“去”写到纸上。而正确的答案“fa”字的读音与“qu”毫不相关，所以就很难想到它了。我自己就是最后用五笔输入“i、f、c”之后才恍然大悟的。

研究人类大脑的认知过程是非常困难的，这是因为：第一，很少能用动物代替人类来进行实验。第二，每个研究人员只能体会自己的思维过程，却无法确凿地知道他人的思维过程。

近年来，随着技术的进步，对人类思维过程的研究有了一些进步，有一种特殊的核磁共振CT能快速地探测到大脑内部血流分布的情况，这使得我们能对思维过程采取一种相对客观的观察手段。以阅读这个思维过程为例：当一个文字形象进入眼睛时，应该可以在CT上观察到大脑的视觉区域先发生反应，然后语言区域发生反应，再盯着看一会的时候，图形识别区域会有反应，此时大脑的兴奋点从语言区转向图形识别区。语言区受到抑制，就觉得这字生疏了，不认识了。

另外还有一项能反映大脑思维过程的技术，就是脑电图。它能记录大脑思维过程产生的电流。可脑电图太复杂了，它是大脑中无数思维区域电流的叠加，要从中找到有用的信息比大海里捞针还要难。相比之下，核磁共振CT至少能观察到大脑的兴奋区域位置。

无论是脑电图还是CT，都只能观测到大脑思维过程中很粗糙的信息，离探测人的具体思维内容还差十万八千里呢。估计至少在我离开人世之前，是没有技术手段能识别我大脑中正在想什么的。

这个问题是如此迷人，以至于众松鼠们也再次忍不住，聚集起来开动脑筋想啊想，欲一同破解“字谜”，于是自然而然有了一个号外。

陌生的熟悉字 From"Fujia"+"Seren"

1. 汉字语义

相比起汉字弥漫了千年烟尘的历史，“陌生的熟悉字”这一研究还相当年轻。

1994年，台湾教授郑昭明与其同事同时最早撰文描述中国人所经历的这种现象，并称为“字形饱和”(orthographic satiation)。这两位教授首先发现，被试盯着一个字看上二三十秒钟，就会觉得“这个字变奇怪了”，接下去他们还发现，对于简单结构的汉字，譬如“日”、“月”，被试平均要过31秒钟才报告“变奇怪了”，而对于那些左右结构的汉字，譬如“明”，被试者平均只要过26秒左右就变奇怪了（图6-2）。如此看来，汉字也确实会出现饱和，而且汉字的结构对这种饱和的难易还很有影响。

日月

明

图6-2

2007年，爱丁堡大学(University of Edinburgh)一位同学Nien-Chen Lee在其硕士论文中重复了台湾郑教授的研究。他发现，即便同为左右结构的字，引发饱和的效率也不相同。实验所用的40个左右结构的字中，长得像乱麻一样的“擠”字需要较长时间才让人产生饱和，而左右结构匀称的

“課”字则很快就让人觉得奇怪了（图6-3）。此外，女人的头脑中会比男人更快地出现 “字变奇怪了”的现象。可是当他进一步分析汉字的左右结构、表音和表意的部首对这一现象的影响时，却没有发现任何有说服力的结果。

图6-3

从仓颉“观奎星圜曲之式，察鸟兽蹄爪之迹”，一笔一画描摹出第一个符号始，汉字便深深融进了中国人的血脉。不同于英文系统，汉字以其一笔一画，描绘出异彩纷呈的世界。当郑教授与李同学试图从汉字语义去理解“字变陌生”这个问题时，他们还面临着一个问题：汉字是什么？我们如何从方块字图像中去读取浩瀚的语义信息？

20世纪的心理学家也纷纷将眼光投向这一古老的“活化石”。虽然有学者提出，汉字的识别有着“整体优先”(global precedence)的原则，即汉字识别是一个从整体到局部认知的过程，郑教授也通过实验发现，随着对汉字熟悉度的增高，汉字认知的整体性有所增强，但越来越多的学者认为，识别汉字需要对其组成部分进行特征分析。最有说服力的实验结果是，当笔画数增加时，识别汉字所需时间也加长。

既然汉字的组成部分能够帮助识别，且让我们先把汉字的组成部分之一——部首，分为两种。一种使用频率高，另一种使用频率低。所谓部首我们可以清楚地从《现代汉语词典》中寻得。比如，“言”字旁可以组成160个汉字，“鸟”字旁可以有98个组合机会，而“身”字旁作为左边部首，却只能组成6个汉字，“瓦”字旁只有17次置于右侧的机会。郑教授从最容易变陌生的左右结构开始着手，结果发现部首使用频率低的汉字比部首使用频率高的汉字反而需要更长时间来达到变陌生的效果。这是为什么呢？

他猜想，组合频率高的部首可以让人联想到很多的字，所以容易变得“不认识”了；又或者，组合频率高的部首可以与很多偏旁合作，于是部首与偏旁之间的联系弱化，所以容易变得“不认识”了；又或者，组合频率低的部首大部分都不单独成字，因为人们需要更多时间去理解它，所以变陌生的时间更长。

既然，长时间注视汉字，可以使视线将汉字分割开来认知，从而导致语义模糊。那么也许当我们注释一个汉字良久，就更会去注意部首的含义，如果此含义与汉字原意相去甚远，如“洞”之“水”与“同”，“的”之“白”与“勺”，我们就开始丧失对汉字原意的理解。字，也就变“陌生”了。

一切都是猜想，郑教授还在继续勤奋地研究。

2. 视觉适应

无独有偶，在隔海相望的日本，汉字的问题也正在被研习。1996年，日本九州大学(Kyushu University)的二瀬由理(Yuri Ninose)和日本东北大学(Tohoku University)的行场次郎(Jiro Gyoba)在日本的《心理学研究》(*Shinrigaku Kenkyu*)期刊里写道：“稳定注视某日本汉字几秒后，此汉字即难以作为一整体团被辨认，且难以判断书写是否正确。此于日本人民为众所周知的经历。”他们给这个现象起名为“完形崩坏(gestaltzerfall)现象”。

二濑老师和行场老师采取的是视觉适应的试验方法。他们发现，被测试者在被要求凝视“森”一字25秒后便有50毫秒时间(请注意这个时间)难以辨认其字。甚至在字体大小不变时，更替的“崩”字(同为“品”字形结构)依然让被测试者无法辨认（图6-4）。而且这种“陌生的熟悉字”现象，经常发生在如“村”这样的组合结构汉字，而并不存在简单结构中，如“木”。

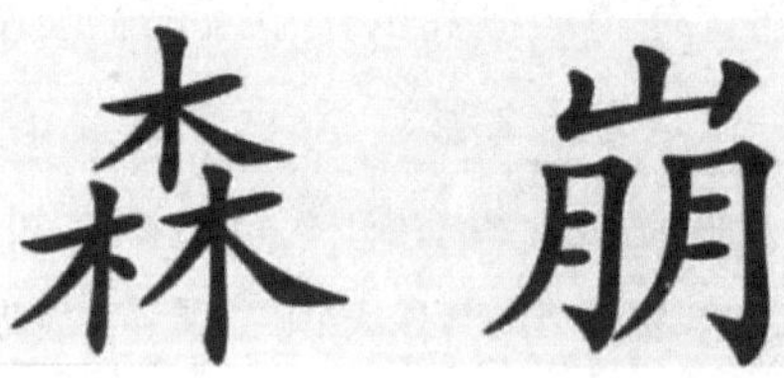

图6-4

如果我们把字形与字义分开理解，汉字便类似于一幅千变万化的图画，与象声的拉丁字母完全不同。那么是否我们可以运用图像识别的理论来理解陌生字问题？显然，二濑老师与行场老师也是这么考虑的。一年后，他们将这个研究继续扩展到如汉字般多层次的图形，如与“森”字相似的“品”字形结构方块图形。接下来，他们果然满意地发现，这个“陌生的熟悉字”现象，也可成为“陌生的熟悉图形”。于是二人作出更大胆地推断，这个现象也许与鼎鼎大名的心理学图像认知理论

“均质联结性”(uniform connectedness)有关。

加利福尼亚大学伯克利分校的斯蒂芬·帕尔默(Stephen Palmer)在20世纪90年代提出的“均质联结性”，对独领风骚多年的心理学大门派“格式塔派”发起了挑战。他认为，当我们进行图像认知时，画面中连续区域里的相同性质，比如明度、颜色、材质、运动方向或其他的性质，可以被最初感知为单独元素，然后在大脑中开始组合元素及分辨图案与背景，达到最终的认知效果。

有了帕尔默的“元素认知-整体组合”理论，师承加利福尼亚大学一系，如今为以色列海法大学(University of Haifa)心理系主任的“泡菜小姐”——露丝(Ruth Kimchi，Kimchi在朝鲜语中意为朝鲜泡菜)则将“均质联结性”理论更加发扬光大，并将此理论用于多层次图形的认知里，帮助我们解决“陌生的熟悉字”问题。

以下，请你放松心情，来追随我们的“泡菜小姐”做个实验。

请先注视图6-5左边的图案，再将视线移至右边的两个图案，然后判断一下，这两个图案的组成元素是否一样？组织的外形轮廓又是否相同？

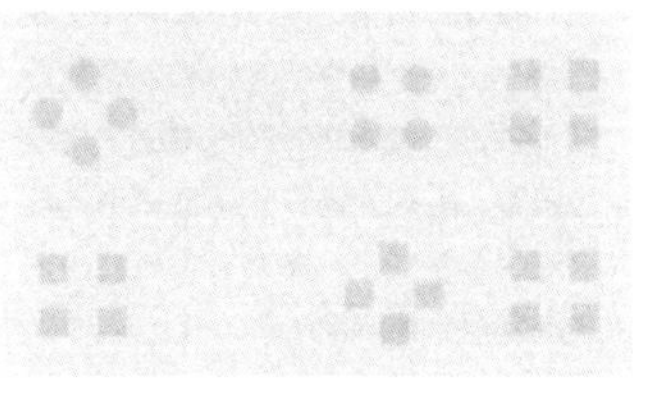

图6-5

你已经发现这个题目太简单了。也许一眼就能判断，第一行虽然两个图案都以矩形排布，但它们的组成元素并不相同，而第二行虽然组成元素都是矩形，但它们组成的是菱形与矩形排布，并不相同。

恭喜你，你的视觉水平很正常。

接下来请接受第二个挑战。同样的，请先注视图6-6左边的图案，再将视线移向右边的图案，判断一下它们的组成元素与外形轮廓是否相同？

图6-6

你是否第一眼就判断出来了，第一行的外形轮廓都是矩形，而第二行则分别为菱形与矩形？如果回答为“是”的话，再次恭喜你，你的视觉水平很正常。

那么组成元素呢？你花了多长时间来判别它们是否相同？当你尝试着去研究元素究竟是小圆点还是小方块时，有没有感觉，整体的轮廓对你而言已经离解了，模糊了？

别担心，你的视觉水平依然很正常，而且你拥有的是正常人类所拥有的认知水平。

在第一组实验里，也许你最先注意到的是组成各个图形的小圆形或矩形，然后才是它们所组成的菱形或矩形图案。“泡菜小姐”解释说，在这样少元素的图案里，整体与局部同时被人认知，整体认知稍弱，但如果注视的时间达到400毫秒，整体与局部的认知同时主宰。此时你会同时了解图案的整体轮廓与组成部分。

而在第二组实验里，“泡菜小姐”总结道，对于多元素图案，人们以整体认知图形轮廓开始，200毫秒后开始认知局部，而此时局部认知比整体认知更强，700毫秒后两者同时主宰。另外，在复杂结构的图形里，整体轮廓和局部元素间的组织关系是同时被感知的，但如果注视的时间超过了690毫秒，整体图案的感知要更迟缓些。

在二濑老师与行场老师的理解中，汉字便是美妙的图画。他们将这第二个实验类比为复杂结构的汉字。二濑老师与行场老师认为，在如“村”一般的有多重结构的汉字里，当人类完成局部元素(“木”与“寸”)感知后，汉字整体集合感知过程被长时间的注视所干扰，由此产生了“陌生的熟悉字”的现象，如同我们在注视小元素形状时，便对图案的整体轮廓失去了感知。

这个考量是否就此画上了句号？很遗憾，“泡菜小姐”认为，人类感知整体图像的问题发生在毫秒级，而“奇怪的字”，正如爱丁堡大学的李同学所阐述的，发生在20～30秒。这两者并不相符。更为不符的是，两位日本老师认为简单结构并不产生认知饱和，这与台湾郑昭明老师的实验结果大相径庭。李同学更是认为，日本老师们所做的“视觉适应”实验，没有从语义着手，无法说明中文的“字形饱和”现象。

于是，视觉适应猜想半途折臂了，我们对答案的追寻，还在继续。

3. 语义饱和

写有楔形文字的泥板，这是人类最早的文字之一。

在持续不停地反复使用谷歌浏览器搜索中，Seren惊讶地发现，有一群洋人也在琢磨相似的现象！他们号称，一个单词被重复多遍，就变得面目模糊，发音可疑，意义不明。早在1907年，伊丽莎白•赛弗伦斯(Elizabeth Severance)和玛格丽特•弗洛伊•沃什伯恩(Margaret Floy Washburn，现代心理学的第一位女博士)就在心理学期刊上发表文章描述了这一现象，她们指出："这种对单词外貌熟悉感的丧失，有时会让这个单词看起来像是属于别的语言，有的时候这个单词变成仅仅是字母的堆积，甚至在极端的情况下，连字母都变成纸上一堆毫无意义的符号。"她们进一步分析说，产生这种现象的原因是"注意力转移"，当人对一个单词盯了一会儿之后，不由自主地就仅仅注意单词的某一部分，丧失了单词的整体感，这个单词也就逐渐变得越来越支离破碎。这种现象在1962年被里昂•雅克布维茨(Leon Jakobovits)命名为"语义饱和"(semantic satiation，又称semantic saturation)。

西方人所说的"语义饱和"，是不是就是我们东方人经历的"字变得难认了"呢？对拼音文字的研究能否平移到方块汉字身上呢？于是，在一个阳光明媚的中午，Seren夹着小本本，爬上了加利福尼亚大学圣迭哥分校(University of California-San Diego)心理系五楼，拜访了大卫•哈博(David Ehuber)，一位从事语义饱和研究的心理系教授。Seren向帅哥教授简述了自己的困惑，并提出第一个问题："中文里出现的这种现象，和西方人研究的‘语义饱和’是一回事吗？”

帅哥教授笑了笑，说：“我不知道你能不能就把它叫做‘语义饱和’，但毫无疑问，这是一种饱和，一种‘satiation’，和‘语义饱和’相似，是一种神经活动里常见的饱和现象。不但你说的图像识别上可以产生饱和，语义上可以产生饱和，我们的听觉、味觉、嗅觉等，都会产生饱和。不管什么样的感觉刺激，只要时间一长，重复多了，带给你的感觉就变了。”

Seren心想：可不是么！虽然我是一个专一的好学生，但再好吃的红烧肉多吃两顿也就那样了，还有实验室去年来的美女同学，这几天也没觉得有刚见到的那个时候那么惊艳了……想到这里，Seren很感兴趣地追问：“那为什么会发生这样的现象呢？”

帅哥教授继续笑着说：“因为这种现象对我们是有好处的。我们的神经系统收到一个感觉信号的时候，最初必须产生某种反应；但是如果你一直不停地作出这种反应的话，当你收入新的信号的时候，很可能神经已经疲惫了，不能作出新的反应了。所以，我们对旧信号的反应必须消减下去，或者产生变化，才能保证新的信息能够引起正确的反应。”

Seren心想：太有道理了！看起来以后红烧肉好吃也不能天天吃，要跟水煮鱼换着吃，才能保持美食带给我的享受。还有，是不是该鼓动导师再招一个新师妹了……不过，他的最大疑问还没有得到解决，所以又接着问："那我看一个字看久了，究竟是这个字形变奇怪了，还是我不认识它了呢？"生怕帅哥教授没有听明白，Seren又继续解释说："我的意思是，这个字究竟是像图画一样，样子变奇怪了，还是意思也有变化呢？"他心虚地瞅了瞅帅哥，迟疑地加了一句："你明白我的意思吧？"

对方哈哈大笑："明白明白，你这个问题提得太好了！这就是我们实验室研究的方向啊。"说到自己的研究，帅哥教授立刻眉飞色舞起来："我们先来说这个认字的现象——不管是你的中文，还是英文，最开始进入我们眼睛里的都是一个视觉信号，这个视觉信号抵达大脑以后，要从主管语言的区域提出相应的语义信息，我们才认识这个字，对吧？"看到Seren若有所思地点头，帅哥教授接着说："这里有三个步骤：视觉上产生图像，语言上产生意义，以及这个图像到意义的转化步骤。我们感兴趣的是，这种饱和现象，究竟是发生在图像这个层面，还是语义的层面，又或是转化的层面呢？"说到这里，他顿了顿，像是卖个关子，"我们发现，这种饱和，发生在转化的层面！"

"我们首先研究的是是否发生在语义层面。让被试看一组单词，一个是物体，譬如苹果或者小狗，另一个则是类别，譬如水果或者动物，被试需要确定这两个单词是否互相吻合(苹果对应着水果，而不是动物)。我们发现，当被试看到的第一个单

F

词一直是苹果、梨子、香蕉这些水果的词语，在随后作出正误判断的时候，速度一直都很快。第一个试验说明，即便一直在重复‘水果’这个概念，但只要出现的是不同的单词，被试者并不会产生‘语义饱和’现象。这也说明，这种饱和并不是发生在意义的层面上。”

“但是，如果反过来，让被试者第一个单词总是看到‘水果’，随后才出现具体名词，要不了多久，被试者对水果就脱敏了，判断变慢了。也就是说，当‘水果’这个单词重复出现，延时的现象就发生了。不过，究竟是水果这个词的外表变得陌生了，还是这个外表形象转化成意义的时候发生饱和了呢？”

“我们又做了一个实验。这个实验会进行简单的单词配对，也就是先出现‘水果’，接下来如果也出现‘水果’就是吻合的，如果是任何其他词语，都是不吻合的。这个实验里，只需要被试者对单词的外形进行判断，而不需要考虑单词的意义。我们发现，在这个实验里，没有延时现象的发生。也就是说，视觉层面上的重复，不能导致语义饱和。”哈博激动地一挥手，“所以，语义饱和是发生在视觉和意义的转化步骤上！”

Seren听得入迷，暗叹这个实验设计得还真巧妙，帅哥教授的话匣子也已经关不上了：“还有别的证据说明我们的结论是对的。测量脑电波的实验表明，通常图像识别时产生的饱和是在400毫秒左右，高层的单纯意义饱和则需要好几分钟才能达到，而‘语义饱和’的现象发生在十秒到几十秒这个时间段，跟前两种的时间不吻合，所以，它应该是产生在转换过程的。”

只见帅哥教授从电脑上调出一个文档，指着它说：“这就是我们的文章，刚投出去，还在等消息呢！据我们所知，还没有别人提出过类似的模型，我们是第一个。”

Seren点点头，默默地把帅哥教授刚刚说过的话梳理了一遍，说：“我明白了。您的意思是说，当我们盯着一个字看着，我们的大脑就得不断拿着这个字的模样去寻找它的意义，找的次数越多，找得就越慢了。因为变慢了，平常一看到这个字就认识的熟悉感觉就消失了，所以觉得这个字变得奇怪了。而且，如果我们大脑一直高速地对这个字的字形和意义配对的话，就会占有太多资源，再看到别的字时候就没法高速地去寻找别的字的意思了，对吗？”

“没错，就是这个意思。”

Seren离开了帅哥教授的办公室，反复咀嚼着帅哥教授所说的有趣实验，心里却还是有许多问题挥之不去：虽然帅哥教授在宏观层面找到了“语义饱和”的发生地，也明确告诉我们“语义饱和”是发生在字形与字义的转换过程，但具体在大脑里面哪里发生，还是没有线索。虽然帅哥教授说中文变得让人“不认识”和英文的“语义饱和”都属于神经适应的范畴，但真的能够把他的理论完全平移么？面对这些问题，我们依然没有答案。

尾声：

也许你依然会问我："究竟为什么字变陌生了？"

台湾郑教授认为是由于汉字含义的饱和，日本老师认为是汉字图像的适应，加利福尼亚帅哥教授认为是图像与含义上的转换……而松鼠们，其实没有找到那个确切的答案。

我们虚度了一季光阴，试图用科学家们倾注毕生心血的各种理论来解释我们已使用千年的，甚至你正在阅读着、认知着的汉字的问题。但始终，这一个复杂的汉字认知问题，不是目前我们看到的几个理论、几个人、几个实验，便可以完整地给出权威的回答。我们期待着这个问题终极版谜底的揭开，也期待着你加入探索的行列中来。

当人类已经可以翱翔太空、滑翔潜底，按照自己的意愿尽情去改变这个世界时，苏格拉底几千年前的偈语犹在耳边："人啊，认识你自己。"

(感谢悠扬、八爪鱼、anpopo、张撞鹿、猛犸对此文的贡献)

身后的目光

引子：

昏昏欲睡的早晨第一堂课，随着高跟鞋有节奏的“嗒嗒”声，Dr. Who眼前一亮：一个窈窕的美女款款走进了教室，径直坐到第一排。无数热辣辣的目光从四面八方射过来，如果目光有热量，恐怕她的衣服早就被点燃了。很多小说、电视里都会有这样的描述：某个人(忽然)感觉到背后有两道灼热/冰冷/轻蔑/关注/充满杀意……的目光。

问：

这仅仅是一种文学上的修辞，还是有一定的科学道理？如果是后者，没有“蜻蜓眼”的人类如何“感觉”到身后“目光”呢？

From“歪歪”

不论我暗送秋波，还是含情脉脉，这抛出去的目光都再也没有了结果——对面的她直接无视了我的存在。虽然这很伤我的心，但是我还是愿意相信，她还是感受到了这份灼热的关注。

我这么说是因为我们活在感觉的世界中。我们有很多种感受世界的方式：一束光被我们的眼睛捕捉，落在视网膜的感受器上，于是我们看见了；一阵波的传动进入了我们的耳廓，引起了耳膜的振动，于是我们听见了；一些化学分子抢占了我们鼻子和舌头的味

觉受体，激活了味觉信号通路，于是我们闻到了；一些皮肤上的神经元末端被刺激，神经冲动从皮肤传导回到大脑，于是我们触摸到了。所有的这些，都是通过一种存在的物质(光、声波或化学分子)来传递的。

现在，想象坐在我前方的这个美丽的女生。她拨弄了一下飘逸的长发，随意地环顾了一下四周，继续埋下头读自己的书。她既没有向我的方向看过来，也不能听见我讲话的声音(因为我根本就没有勇气去跟她讲话)。既然我仍旧一厢情愿地相信她感受到了我的关注，那么，现在就只有三种可能：

1．有一种出乎具体物质之外的能量传递方式，类似于“秋波”、“放电”、“磁场”之类的能量来源。

2．她有一种叫做第六感的女人的强烈感受力。

3．她其实是感受到了我的目光的，只不过不想理我，便装作不知。

因为，以我目前的科学水平还无法解释前两种可能的产生，加之一贯以来我的一厢情愿，我还是把注赌在了最后一条可能性上。原因是这样的：

第一，其实人类的眼睛有很大的可视域，叫做视野。视网膜中央有一个小窝，叫黄斑中心凹，存在大量感光细胞，是视觉最敏感的区域。只有当物体发出或者反射的光线在这个小凹处聚焦，我们才能得到清晰的图像。但黄斑仅占视野中央约2度的极小区域，所以眼睛必须不停地移动以便不断对焦。整个视野范围覆盖约180度的角，其中双眼重叠区域有120度，加之中

央视线往上60度、往下70度，形成了一个立体的视野范围。但是最有效的视野范围只在中央30度视角内，在这个区域内，可以提供清晰的视觉影像和色彩信息，越往视野周边越不精准。由于人的两只眼睛是从两个不同位置和角度扫描景物，所以景物在两眼视网膜上的成像并不相同，因此能够感知三维空间的各种物体远近前后、高低深浅和凹凸的立体效果。然而，在周边视野里，我们主要通过对明暗强度的反应来分辨物体，这样的低分辨率仅仅能够维持我们一般方向感和活动物体的察觉。所以，处于周边视野中的物体，我们通常只能"用余光"感知到其轮廓，而不见其细节。可以想象，离得并不太远的两个人，即便彼此没有直接对视，也能互相感知到对方的举动。

第二，我们能够感觉到被注视，从进化角度讲，也是可理解的。几十万年前，人类还只是食物链中脆弱的一环，没有钢筋水泥、汽车铁笼的保护，人类安全时时刻刻受到威胁。即便是要去捕猎，也要眼观六路，耳听八方，才能保证不会落个"螳螂捕蝉，黄雀在后"的下场。可以想见，只有具备这种敏锐洞察力的人，才能随时提高警惕，在残酷的生存竞争中存活下来，并且繁衍后代。

第三，目光本没有温度，对于目光的"灼热"感受，更像是文学中的的一种"通感"。钱钟书曾描述："颜色似乎会有温度，声音似乎会有形象，冷暖似乎会有重量，气味似乎会有锋芒。"从生理学上讲，类似的体验被称为联觉(synaesthesia)，感官上接受到的刺激，通过神经传入大脑，

F

刺激相应的大脑皮层，产生感觉。在视网膜上成像之后，通过额叶部的视交叉，进入丘脑的外侧膝状体核(LGN)，再由神经连接传入视觉大脑皮层(visual cortex)。大脑是一个分工明确的“大工厂”，每一个大脑皮层负责特定的感觉感受(sensory)，或是产生情绪(emotion)。但大脑并不是一个绝缘体，以电位变化形式传递的神经冲动，很有可能会交叉影响到相邻的区域(crosstalk)，这也许可以解释一些联觉现象的产生。比如有研究表明，受文字信息的大脑皮层处在接受色彩感知的大脑皮层V4的旁边，一些病人会觉得白纸上的黑字是彩色的，也许就和这两个部位的crosstalk有关。

虽然科学家们已经发现了很多类型的联觉，比如语言和色彩、空间的知觉交互，但是并不是所有“感觉”都可互通有无，也不是所有人都能拥有心理学上的“通感”的。经过研究，大概人群中只有1%的人存在“图形—颜色”的通感，而且这一数字在不同族群的人中比例相差也很大。另外女性似乎比男性更加倾向于拥有通感。吃了迷幻类药物，或是镇定类药物之后也更易形成通感。

尾声：

这个故事的最后结局是，女生优雅地起身，甩了甩披肩的长发，在周围无数灼热的目光中，咯噔咯噔地走了出去。

当人脑接驳电脑

引子：

Dr.Who一直很犹豫要不要把这个问题放给大家。肌电流传感器、脑电波分析仪、戴头盔的猴子、正在学习说话的机器人，如此多令人眼花缭乱的技术仿佛让人脑与电脑最终接驳的终极目标指日可待。

问：

然而，经过亿万年漫漫进化出的大脑与冰冷的仪器到底会产生出怎样的碰撞呢？那些甜蜜的回忆、心跳的情愫，真能如同磁盘中那样轻易地抹去或生成吗？
我邀请Dr. You们尽情想象，在可预计的将来，人脑和电脑的接驳情形。（八爪鱼）

“Hyper-X”的热闹答案：

先列一下关键字。

大脑：这里提到的“大脑”是包括了大脑、小脑、脑干、垂体等在内的“人脑”。

电脑：此文中的电脑是泛指“由人类(地球人或外星人或超级赛亚人……)制造的，具有信息处理能力的存在形式”，包括但不限于电子计算机、光子计算机、量子计算机等。

接驳：这里除了广义的“连接”外，还包括了“相互融合”这一层含义。

既然是“接驳”，那么最主要的目的当然是实现人脑和电脑间广义信息的获得、处理、输出等。根据大脑和电脑连接的信息流速率的变化，可以将人脑和电脑的接驳历史粗略划分为三个阶段：第一阶段是输入——输出的接驳，人脑作为一个整体，在输入、输出端——即感受器和效应器——连接计算机、机器臂、网络等；第二阶段为互相拟态阶段，人脑中可以加入协处理器或者联入网络，电脑也可模拟人脑的分布式模糊处理，二者有限度融合；第三阶段，所有人脑的形式可能已经消失，将转变为各种信息流的交互作用。

第一阶段

因为人脑的1000亿个神经元的结构微单元特性，以及其信息处理的模糊特性，在开始阶段就直接在大脑中加上协处理器或储存器、装上金山词霸、《大英百科全书》……这显然如同在CPU那几亿个晶体管中拿铅笔刀刻出一个新的扩展接口一样不现实。所以在第一阶段，最理智的做法是不深入大脑内部，而只在这个完整的系统的输入输出端做一些文章。

前期：这一时期只是模糊控制，通过脑电图或是肌神经电极，监控大脑发出的指令，然后利用电脑控制的机械臂实现大脑动作。现在，我们已经能部分实现这个阶段的工作，让残疾人具有了一定的生活自理能力。这一时期的输入端则残忍很多，大部分也是已经实现了的，通过电流刺激特定脑区，实现一些功能，比如刺激颞叶能随机重现久远记忆，刺激边缘系统获得快感和抑制等[①]。由于受到社会道德压力，研究者不敢在正常人身上做开颅手术进行直接接驳试验等，而是主要通过对脑

① 陈阅增，《普通生物学》，高等教育出版社，1997年版，第243—246页。

波的识别，所以信息流量极低，充其量也只能做让机械手慢慢举起这种应用而已。技术难度就在于这种人脑信号和电脑信号间转换的调制解调系统。

中期：积累了前期的经验，社会认可度也增加了，这一时期可以进行以为高速链路的神经—电脑间直接连接为目的的试验，通过在神经中介入把神经信号转化为电脑信号的调制解调设备，以实现高速和精确的控制，比如给残疾人装上神经直接控制的机械腿。这些协调性良好的装备甚至可以帮助他们参加运动会。

在电脑信号转化为人脑信号方面，可能会有些难度，因为每个人的神经信号压缩方式不一样。好在人脑是可以自学习和适应的，所以这一时期可以在人的视神经、听神经、嗅神经等十二对脑神经(同前页注释① 引陈阅增书，第247页)上装上把电脑信号转化为神经信号的调制解调设备，把电脑的各种信息输入人脑，你可以通过摄像头清晰地看到几千千米外的家人，闻到妈妈刚做好的饭菜，甚至通过味觉感应设备尝上一尝……

如果在输出的同时阻断神经传给四肢的信号，则一个正常人可以躺在床上，通过把自己的神经信号发射到网上，接收远方的感觉信号。实现无线遥控地球另一端的自己的机械体分身去上班、帮病人做手术，甚至上刀山下火海……(当然，关于定时和怎么退出这个传输让自己恢复控制自己真实的身体——这个还没想好，你先继续躺在那里等等吧，或者控制地球另一端那个机械的你坐飞机回来帮你关掉)

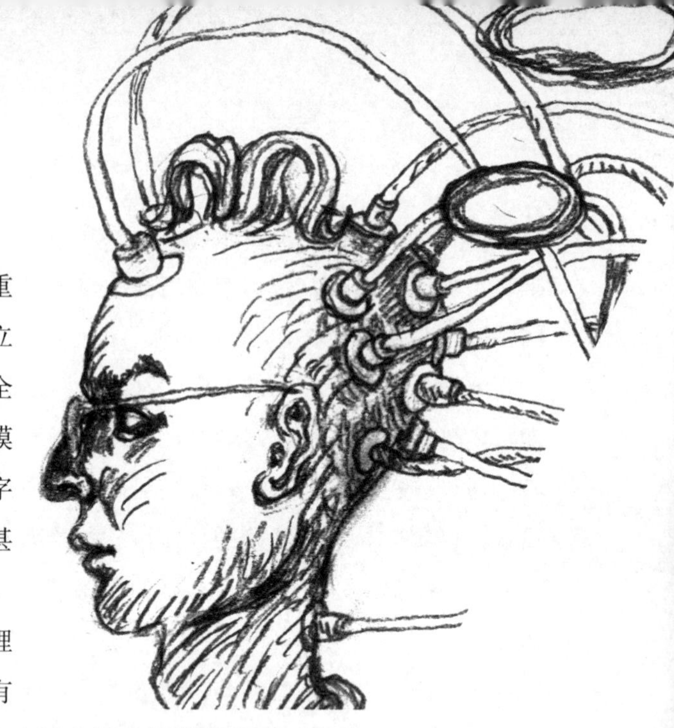

这个阶段，数学的应用至关重要，比如如何建立把阈值积累、非全有即全无的宏量模糊信号转化为数字信号的数学模型甚至新的数学体系。模糊数学、混沌理论、弦理论应该有非常重要的作用，小波分析和代数也是不可少的。

后期：这一时期，人脑的所有输入、输出都已清楚，人类可以实现无延迟的读取人脑的输出，用电脑和调制解调设备模拟出人脑的任意输入，比如视觉、听觉、触觉等。这一阶段的主要研究将集中于探索“人脑能承受的最大信息流输入”，以及“可否用音乐作为载波搭载复杂意义段”等问题，实现对潜意识高速数据输入的实验。而且，人脑最基础的功能是调节生理活动，在前两个时期由大脑自己完成这个功能，但是在后期，我们希望能实现通过电脑读取大脑的激素指令等，这样就可以完全制造一个装载人类大脑的机械体，心肺、腹腔、脏内分泌全部由机械生成，但完全按照大脑指令调节生理活动。这样地球上90%以上的各类病人可以得到彻底根治。只要把大脑留着，其他器官都可以人造。

对普通人来说，这个时期最炫目的成果就是虚拟现实。通过神经链接实现的虚拟现实是真正的虚拟现实。显然，沉迷于虚拟世界的快感和虚拟的成功不能自拔的现实失败者数量会剧增，现在的酗酒者、吸毒者、嗜赌者可能全都投身于虚拟现实，获得自我满足和成就感。而这很快会发展为严重的社会问题，这种虚拟现实可能因此成为管制品，仅用于医疗等用途，而黑市上这种虚拟现实设备则供不应求……

第二阶段

经过上一阶段的技术积累，人类已经了解了大脑内部构造，各种区域的分工比现在更清楚。在这一阶段，我们不再把大脑视为一个整体黑箱，而是一个复杂系统。至少要关注大脑的数据存储和数据处理功能模块。那么我们可以开始探讨，在大脑“CPU” 和“内存”间的前端总线，能否插入几个效率更高的专业协处理器来解决复杂的数学运算，甚至未来形态的决策支持系统？或者能否扩展大脑存储，把全世界的所有知识都提供给我们的大脑随时调用？

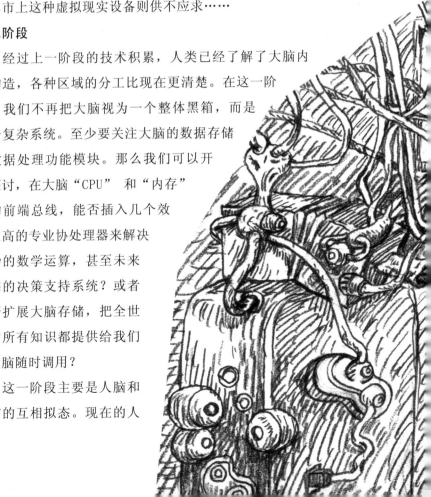

这一阶段主要是人脑和电脑的互相拟态。现在的人

工神经网络可以说是电脑拟态人脑的萌芽尝试。而基因改造在人脑中加入拟态电脑的计算部件甚至接口则需要更多的勇气和技术基础。我认为(也许是受精神分析学派影响)，表层意识的速度太慢，没有和电脑接驳的必要，通过直接作用于底层潜意识，实现人脑直接调用巨大的网络数据仓库中的数据和网络上的计算能力(“云计算”的思路)。

其形式应该是，你一想到“庞加莱猜想”，就已经知道了所有相关的知识，这个过程在你看来是一瞬间且没有中间过程的，实际却是你的浅层意识将这个消息交给潜意识去处理，潜意识调用数字协处理器和逻辑证明机的同时在网络已有知识库中检索。如果存在现成知识体系，则直接调用，给出知识索引和结构，上传到表层意识；如果没有现成知识，而又超过本地计算量，则潜意识把这个工作的主导权交给网络，通过网络众多个体的庞大计算力和每个人潜意识的不同创造力，联合解决这个问题(这个难道就是Dr. You的最终形式？)……到那时，人脑和电脑界限已经越来越不明显，所有人类思维连为一体，避免了大量重复思维和浪费。种种骗钱的考试机构没了活路，每个人无论思维和记忆好还是不好，都能为社会贡献独特的力量。

第三阶段

在上一阶段，人类的信息和计算能力通过联合实现了质的飞跃，不再是一个个独立个体孤军作战。但是有一个最大的缺陷：传统形态的人脑由蛋白质构成，即使能用技术延长，但受限于神经细胞的寿命仍然太脆弱，舍弃大脑的形态势在必行。

这个过程可能出现两种路线，一种较传统的路线认为人脑中有一定的奥妙，他们会用电脑中的类似VMware虚拟机把人脑的每个分子通过三维输入进电脑，模拟出人脑的结构，虚拟出神经连接等，然后用上述第二阶段的模式运行，这是从形态上把人脑输入电脑。另一种较为激进，通过优化，可以把整个大脑的所有功能用完全电脑的方式描述出来，采用更优美的代码，这样效率显然比用虚拟机高得多，这种是从功能上用电脑实现人脑功能。当技术发展到一定地步，我们还可以把动物的思维拉进这个系统。总之，在第三阶段后期，所有人类舍弃了跟不上进化的形体，仅仅意识存在于新形式网络中，网络的能源很容易获得，当然，也可以利用这个网络的资源造出太空船探索宇宙，并给地球运回资源。

然而，我并不认为会如同想象中，再也没有痛苦、悲伤。痛苦和悲伤仍然存在，而且以前人类的种种劣根性会以更大规模、更暴戾的方式爆发出来。有的思维让自己越来越强、并不断尝试越权控制世界；有的思维则不愿自己为自己负责，放弃决策权把一切交给“明君”；有的思维则通过控制经济，在幕后控制世界；有的思维通过限制其控制范围内的思维来接触别的思维，强化自己的地位。一段时期的发展—停滞—发展之后，必然是血雨腥风，整个世界只有几种类型的个体生存……越看越像远古地球上细菌的斗争，不是么？人类思维成为了下一轮进化循环的细菌般的基础，并在这种网络中，让这种思维逐渐适应环境，进而进化出新的强大生物……

尾声：

“悠扬”的点评：第一阶段写得挺靠谱的。后面更像是对人工智能的设想。我觉得第二阶段讲机器的复杂思维能力那部分，如果能结合IBM机器人Watson的技术剖析，应该能让理论更“硬”一点。第三阶段的设想也并非不可能，有点像神经网络的模拟，虽然这到现在还是人工智能的瓶颈。最后一段像是科幻了，还在情理之中。大体上算是一篇不错的答案。

图书在版编目(CIP)数据

再冷门的问题也有最热闹的答案 / 科学松鼠会和它的朋友们著. -- 杭州 ：浙江大学出版社，2012.9
ISBN 978-7-308-10463-0

Ⅰ. ①再… Ⅱ. ①科… Ⅲ. ①科学知识—普及读物 Ⅳ. ①Z228

中国版本图书馆CIP数据核字(2012)第198379号

再冷门的问题也有最热闹的答案

科学松鼠会和它的朋友们 著

策 划 者 蓝狮子财经出版中心
责任编辑 王长刚
出版发行 浙江大学出版社
（杭州市天目山路148号 邮政编码 310007）
（网址：http：//www.zjupress.com）
印 刷 浙江印刷集团有限公司
开 本 880mm×1230mm 1/32
印 张 8.125
字 数 159千
版 印 次 2012年9月第1版 2012年9月第1次印刷
书 号 ISBN 978-7-308-10463-0
定 价 32.00 元

浙江大学出版社发行部邮购电话 (0571)88925591